JN391433

니까야로 읽는

반야심경

니까야로 읽는

반야심경

이중표 역해

불광출판사

Prajñāpāramitā-hṛdaya-sūtra❖

Namas Sarvajñāya

āryāvalokiteśvaro bodhisattvo gaṃbhīrāyāṃ prajñā-pāramitāyāṃ carayāṃ caramāṇo vyavalokayati sma: pañca skandhās, tāṃś ca svabhāva-śūnyān paśyati sma.

iha Śāriputra rūpaṃ śūnyatā, śūnyatāiva rūpam. rūpān na pṛthak śūnyatā, śūnyatāyā na pṛthag rūpaṃ. yad rūpaṃ sā śūnyatā, yā śūnyatā tad rūpam. evam eva vedanā-saṃjñā-saṃskāra-vijñānāni.

iha Śāriputra sarva-dharmāḥ śūnyatā-lakṣaṇā anutpannā aniruddhā amalāvimalā nonā na paripūrṇāḥ. tasmāc Chāriputra śūnyatāyāṃ na rūpaṃ na vedanā na saṃjñā na saṃskārā na vijñānaṃ. na cakṣuḥ-śrotra-ghrāṇa-jihvā-kāya-manāṃsi, na rūpa-śabda-gandha-rasa-spraṣṭavya-dharmāḥ, na cakṣur-dhātur yāvan na mano-vijñāna-dhātuḥ.

❖
위 산스크리트 『반야심경』은 현존하는 가장 오래된 사본(寫本)인 일본의 법륭사본(法隆寺本)을 참조했다.

na vidyā nāvidyā na vidyākṣayo nāvidyākṣayo yāvan na jarāmaraṇaṃ na jarāmaraṇakṣayo na duḥkha-samudaya-nirodha-mārgā, na jñānaṃ na prāptiḥ.

tasmād aprāptitvād bodhisattvānāṃ prajñāpāramitām āśritya viharaty a-cittā varaṇaḥ. cittāvaraṇa-nāstitvād atrasto viparyāsātikrānto niṣṭha-nirvāṇaḥ. try-adhva-vyavasthitāḥ sarva-buddhāḥ prajñā-pāramitām āśrityānuttarāṃ saṃyak-sambodhim abhisambuddhāḥ.

tasmāj jñātavyaṃ prajñā-pāramitā-mahāmantro mahā-vidyā-mantro 'nuttara-mantro 'samasama-mantraḥ, sarva-duḥkha-praśamanaḥ. satyam amithyatvāt prajñā-pāramitāyām ukto mantraḥ, tad yathā:

gate gate pāragate pāra-saṃgate bodhi svāhā.

iti prajñā-pāramitā-hṛdayaṃ samāptam.

반야바라밀다심경

거룩한 관자재보살님은 깊은 반야바라밀다행을 실천하시면서 오온(五蘊)을 관찰하여, 그것의 자기존재성〔自性, svabhāva〕이 공(空, śūnya)임을 보았다오. (그리하여 일체의 괴로움과 재앙을 벗어났다오.)

샤리뿌뜨라여! 형색을 지닌 몸〔色〕은 공성(空性)이고, 공성이 실로 형색을 지닌 몸이라오. 형색을 지닌 몸은 공성과 다르지 않고, 공성은 형색을 지닌 몸과 다르지 않으므로, 형색을 지닌 몸이 바로 공성이고, 공성이 바로 형색을 지닌 몸이라오. 느끼는 마음〔受〕, 생각하는 마음〔想〕, 조작하는 마음〔行〕, 분별하는 마음〔識〕도 실로 이와 같다오.

샤리뿌뜨라여! 일체법의 공성(空性)이라고 하는 특징은 발생한 것이 아니고 소멸된 것이 아니며, 더러워지는 것이 아니고 깨끗해진 것이 아니며, 제거된 것이 아니고 채워진 것이 아니라오. 그러므로 공성(空性) 가운데는 (자아라고 할 수 있는) 형색〔色〕이 없고, 느끼는 마음〔受〕이 없고, 생각하는 마음〔想〕이 없고, 조작하는 마음〔行〕이 없고, 분별하는 마음〔識〕이 없고, (주관이라고 할 수 있는) 안이비설신의(眼耳鼻舌身意)가 없고, (객관이라고 할 수 있는) 색성향미촉법(色聲香味觸法)이 없고, 안계(眼界)가 없고, 내지 의식계(意識界)까지 없다오. 무명(無明)이 없고, 무명의 소멸(消滅)이 없으며, 내지 노사(老死)가 없고, 노사의 소멸까지 없다오. 고집멸도(苦集滅道)가 없고, 알아야 할 것이 없고, 얻을 것이 없고, 얻지 못한 것이 없다오. 그러므로 얻을 것이 없기 때문에 보살은 반야바라밀다에 의지하여 마음에 걸림이 없이 살아가며, 마음에 걸림이 없기 때문에 두려움이 없이 전도몽상을 뛰어넘어 마침내 열반을 성취하며, 삼세의 모든 부처님들은 반야바라밀다에 의지하여 무상정등정각(無上正等正覺)을 성취한다오.

그러므로 알아야 한다오. 반야바라밀다는 위대한 진언(眞言)이며, 위대하고 밝은 진언이며, 무상의 진언이며, 비할 바 없는 진언이며, 일체의 괴로움을 없애주며, 진실이며, 거짓이 아니라오. 반야바라밀다의 진언을 설하면 다음과 같다오.

가테 가테 파라가테 파라상가테 보디 스와하.

摩訶般若波羅蜜多心經
마하반야바라밀다심경

觀自在菩薩 行深般若波羅蜜多時 照見五蘊皆空 度一切苦厄 舍
관자재보살 행심반야바라밀다시 조견오온개공 도일체고액 사

利子 色不異空 空不異色 色卽是空 空卽是色 受想行識 亦復如
리자 색불이공 공불이색 색즉시공 공즉시색 수상행식 역부여

是 舍利子 是諸法空相 不生不滅 不垢不淨 不增不減 是故 空中
시 사리자 시제법공상 불생불멸 불구부정 부증불감 시고 공중

無色 無受想行識 無眼耳鼻舌身意 無色聲香味觸法 無眼界 乃
무색 무수상행식 무안이비설신의 무색성향미촉법 무안계 내

至 無意識界 無無明 亦無無明盡 乃至 無老死 亦無老死盡 無苦
지 무의식계 무무명 역무무명진 내지 무노사 역무노사진 무고

集滅道 無智 亦無得 以無所得故 菩提薩埵 依般若波羅蜜多 故
집멸도 무지 역무득 이무소득고 보리살타 의반야바라밀다 고

心無罣碍 無罣碍故 無有恐怖 遠離顚倒夢想 究竟涅槃 三世諸佛
심무가애 무가애고 무유공포 원리전도몽상 구경열반 삼세제불

依般若波羅蜜多 故得阿耨多羅三藐三菩提 故知般若波羅蜜多
의반야바라밀다 고득아뇩다라삼먁삼보리 고지반야바라밀다

是大神呪 是大明呪 是無上呪 是無等等呪 能除一切苦 眞實不虛
시대신주 시대명주 시무상주 시무등등주 능제일체고 진실불허

故說般若波羅蜜多呪 卽說呪曰
고설반야바라밀다주 즉설주왈

揭諦揭諦 波羅揭諦 波羅僧揭諦 菩提 娑婆訶
아제아제 바라아제 바라승아제 모지 사바하

목차

추천사 _ 12
머리말 _ 16

1 『반야심경』은 어떤 경인가 _ 19

반야부경전의 법상관(法相觀) _ 21
개념적 인식과 체험적 인식 _ 28
보살의 반야바라밀 _ 44

2 현존하는 한역(漢譯) 『반야심경』 _ 47

마하반야바라밀대명주경(摩訶般若波羅蜜大明呪經) 구마라집 역(鳩摩羅什 譯) _ 49
반야바라밀다심경(般若波羅蜜多心經) 현장 역(玄奘 譯) _ 54
당범번대자음반야바라밀다심경(唐梵飜對字音般若波羅蜜多心經) _ 57
반야바라밀다심경(般若波羅蜜多心經) 반야공리언등 역(般若共利言等 譯) _ 61
보변지장반야바라밀다심경(普遍智藏般若波羅蜜多心經) 법월 중역(法月 重譯) _ 66
반야바라밀다심경(般若波羅蜜多心經) 지혜륜 역(智慧輪 譯) _ 71
반야바라밀다심경(般若波羅蜜多心經) 법성 역(法成 譯) _ 75
불설성불모반야바라밀다경(佛說聖佛母般若波羅蜜多經) 시호 역(施護 譯) _ 79

3 부처님의 어머니〔佛母〕『반야심경』_ 83

불모(佛母) 관세음보살 〈자비(慈悲)〉_ 85
불모(佛母) 반야바라밀다 〈지혜(智慧)〉_ 90

4 세간의 실상을 알면 괴로움이 사라진다 _ 103

한길 몸속에 있는 세간 _ 105
세간은 십이입처(十二入處)에서 연기한다 _ 110
오취온(五取蘊)이 괴로움이다 _ 115
오온의 실상을 알면 괴로움이 사라진다 _ 119

5 나와 세계의 실상은 공(空)이다 _ 125

공(空)의 의미 _ 127
오온의 실상 _ 144
업보와 연기 _ 149

6 중생이 곧 부처다 _ 153

공성(空性)이 불성(佛性)이다 _ 155
중생이 곧 부처다 _ 161
생명은 본래 생사(生死)가 없다 _ 166

7 공성(空性)을 깨달으면 망상(妄想)이 사라진다 _ 173

아비달마의 법상관(法相觀) 비판 _ 175
일체는 십이입처다 _ 180
존재(有)와 법(法) _ 188
십이입처, 십팔계, 오온의 연기관계 _ 198

8 강을 건넌 후에는 배를 버린다 _ 207

십이연기와 사성제 _ 209
사성제의 인과관계 _ 221
열반의 경지 _ 229
강을 건넌 후에는 배를 버린다 _ 232

9 열반은 수행의 종점이 아니다(無所得) _ 253

생사와 열반은 둘이 아니다 _ 255
열반은 수행의 종점이 아니다 _ 262
반야바라밀다 진언(眞言) _ 270

추천사

부처님께서 초전법륜을 시작으로 불법을 펼치신 지 2,500여 년의 세월이 흘렀습니다. 이 유구한 시간 동안 불교는 여러 나라로 전래되어 역사의 흐름을 바꾸어놓을 만큼 많은 영향을 끼쳤습니다. 또한 그 전파의 방법이 불살생(不殺生)의 바탕 아래 평화적으로 이루어졌고, 불교를 받아들이는 측이 더 적극적으로 수용하여 자신들의 문화를 융성케 하는 계기를 마련했습니다. 우리나라는 물론 중국과 일본이 그러했고, 티베트와 남방의 여러 국가들이 그러했습니다.

이러한 기적 같은 일이 가능할 수 있었던 것은 부처님의 가르침이 다른 종교나 사상에서 찾아볼 수 없는 혁신적인 세계관을 제공했기 때문입니다.

그중에서도 특히 '공(空)'사상은 인간 내면의 자성(自性)과 외부세계를 바라보는 인식의 대전환을 가져왔습니다. 공사상은 '이 세상에 상주불변하는 것은 없으며, 모든 것은 인과에 의해 끊임없이 변해간다'는 것이 요지입니다. 끊임없이 변해가는 나의 마음, 나의 몸에서 '나'라고 확정 지을 수 있는 불변의 실체는 존재하지 않는다는 가르침입니다. 이러한 사고를 통해 허망한 집착과 분별심에서 벗어나면 그것이 바로 열반의 세계이고 깨달음의 세계라고 부처님은 설하셨습니다.

그러나 아무리 훌륭한 가르침도 잘못 받아들이면 본의를 왜곡하게 됩니다. 부처님 뜻을 가장 잘 받들고 실천해야 할 불교 교단은 부처님 열반 후, 가르침을 정리 · 재해석하는 과정에서 의견의 대립으로 분열을 거듭했습니다.

이는 비단 인도뿐만 아니라 불교가 전래된 많은 나라에서도 마찬가지였습니다. 저마다의 종주(宗主)가 독자적인 해석을 내놓았고 이로 인해 일반인들은 더욱 불교를 이해하기 어렵게 되었습니다.

안타깝게도 이와 같은 상황은 최근 한국불교에서도 일어나고 있습니다. 남방불교와 티베트불교 등 여러 지역의 불교 전통이 우리나라로 들어오면서 기존 한국불교의 전통과 마찰이 일어나 불자들은 혼란을 겪고 있습니다.

어떤 이들은 초기불교만이 부처님의 진정한 가르침이라 말하며 대승불교를 배척하고, 어떤 이들은 선(禪)이야말로 불교의 극의라 하기도 하며, 또 어떤 이들은 『법화경』 혹은 『화엄경』이 최고라는 주장을 내세우고 있습니다. 그러나 이처럼 다양한 주장들의 시비를 가리기 전에 우리는 먼저 분별심으로 인해 부처님의 참뜻을 오해하고 있는 것은 아닌지 돌아볼 필요가 있습니다.

이러한 상황에서 이중표 교수의 『니까야로 읽는 반야심경』은 마른 땅에 단비와 같은 훌륭한 불교 지침서가 아닐 수 없습니다. 초기불교 경전인 『니까야』 속에서 대승불교의 정수로 알려진 『반야심경』의 근원을 살펴봄으로써 초기불교와 대승 반야의 가르침이 둘이 아니라는 사실을 알려주고 있기 때문입니다.

이 책은 반야사상이 처음부터 부처님의 가르침 속에 녹아 있었다는 사실을 일깨워줍니다. 경전의 이름은 각기 다르지만 부처님의 일관된 가르침을 볼 수 있는 안목을 키울 수 있습니다. 또한 충실한 원전 해석을 통해 초기불교와 『반야심경』의 연관성을 파악할 수 있어 경전 성립을 이해하는 데도 큰 도움이 됩니다.

이중표 교수는 저와 깊은 인연이 있는 훌륭한 학자로 평생을 불교학 연구에 매진해왔습니다. 불교학 연구의 실적을 상아탑 안에만 담아두지 않고 대중들에게 널리 알리기 위해서도 노력해왔습니다.

그 성과물 중 하나가 바로 『니까야로 읽는 반야심경』입니다.

부처님의 한결같은 가르침에 눈뜨기 위한 첫걸음으로 독자 여러 분께 『니까야로 읽는 반야심경』을 권해 드립니다.

나무 마하반야바라밀

나무 마하반야바라밀

나무 마하반야바라밀

불기 2561년 여름

대한불교조계종 포교원장

지홍 합장

머리말

『반야심경』은 매우 짧은 경전이지만 불교의 핵심을 이야기한 경으로서 나와 세계의 실상을 깨달아 행복을 얻는 길을 잘 보여주고 있습니다. 그래서 모든 법회에서는 항상 『반야심경』을 독송합니다. 『반야심경』은 이렇게 우리에게 가장 친근한 불경이지만 그 의미를 바르게 이해하고 있는 사람은 많지 않습니다. 솔직히 『반야심경』은 너무 어렵습니다. "색(色)이 곧 공(空)이고, 공이 곧 색이다." "눈도 없고 귀도 없고 코도 없다." 이처럼 알 수 없는 말들로 가득 차 있는 것이 『반야심경』입니다.

『반야심경』이 어려운 이유는 『반야심경』에 사용된 언어의 의미를 바르게 이해하지 못하고 읽기 때문입니다. 일반적으로 '색'을 물질이라고 이해하고 있습니다. 그리고 '공'은 '비어있음, 없음'으로 이해합니다. 그래서 '색즉시공(色卽是空)'을 '물질은 비어있다'라고 해석합니다. 그러나 사실은 '색'은 물질을 의미하지 않습니다. 그리고 '공'도 단순히 '비어있음, 없음'을 의미하지 않습니다. 또한 안이비설신의(眼耳鼻舌身意)도 우리의 신체기관인 '눈·귀·코·혀·몸·마음'을 의미하지 않습니다. 따라서 '무안이비설신의(無眼耳鼻舌身意)'는 눈이나 귀 등이 없다는 의미의 말이 아닙니다.

그렇다면 이 말들의 의미는 어떤 것일까요? 『반야심경』에 사용된 언어들, 즉 불교용어는 모두 석가모니 부처님께서 가르치신 초기경전인 『니까야(Nikāya)』와 『아함경(阿含經)』에 사용된 언어들입니다. 따라서 이 언어의 의미를 이해하기 위해서는 『니까야』와 『아함경』에서 그 말이 어떤 의미로 사용되고 있는지를 알아야 합니다.

이 책은 『니까야』와 『아함경』을 통해서 대승경전인 『반야심경』을 해석한 것입니다. 초기경전에서 『반야심경』을 살펴보면 결코 난해하거나 신비한 내용의 경이 아니라는 것을 알 수 있습니다. 그리고 『반야심경』에서 우리 자신의 참모습과 행복한 삶의 길을 찾을 수 있습니다.

이 책은 2016년 12월에 대원불교문화대학의 초청을 받아 BBS 불교방송 법당에서 '니까야로 읽는 반야심경'이라는 제목으로 강의한 내용을 정리한 것입니다. 이 책을 읽는 모든 분들이 『반야심경』을 바르게 이해하고 실천하여 참된 자신을 깨달아 행복한 삶을 성취하시기 바랍니다.

2017년 8월

이중표 합장

1

『반야심경』은 어떤 경인가

『반야심경(般若心經)』은
『반야바라밀다심경(般若波羅蜜多心經)』의
약칭이다.
범어(梵語)로는 'Prajñāpāramitā-hṛdaya-sūtra'인데, 'Prajñāpāramitā'가
반야바라밀다(般若波羅蜜多)로 음역(音譯)되고,
'심장, 핵심'을 의미하는 'hṛdaya'가
심(心)으로 의역(意譯)되고,
'sūtra'가 경(經)으로 번역되어
『반야바라밀다심경』으로 불리게 되었다.
경의 이름이 보여주듯이, 『반야심경』은
'반야바라밀의 핵심을 설한 경'이다.
다시 말해서 반야(般若), 즉 통찰지(通察智)로
열반의 저 언덕으로 건너가는
핵심을 설한 경이다.

반야부경전의 법상관(法相觀)

불경(佛經)에는 석가모니 부처님께서 직접 설하신 초기경전과 대승불교운동가들이 펴낸 대승경전이 있다. '반야부경전(般若部經典)'은 이 가운데 초기의 대승불교운동가들이 펴낸 대승경전들로서 600부나 되는 방대한 불경이다. '반야부경전'이란 불교의 본질을 반야바라밀다(般若波羅蜜多)라고 주장하는 경전들을 지칭하는 말이며, 『반야심경』은 반야부경전들의 핵심을 간추린 가장 짧은 경이다.

대승불교가 출현한 시기는 정확하게 알려져 있지 않지만, 학자들은 인도에서 기원전 1세기 무렵에 대승불교가 출현했을 것으로 추정하고 있다. 그렇다면 왜 이 시기에 대승불교가 출현했을까? B.C. 3세기에 최초로 인도를 통일한 아쇼카왕은 통일제국을 건설한 후에 불교로 개종한다. 그는 불교를 옹호하면서 사찰에 많은 토지를 하사했다. 사찰이 부유해지자 승려들의 걸식 수행은 형식적인 것이 되었고, 경제적으로 윤택해진 승려들은 승원에 머물며 불교에 대한 이론을 만들어 논쟁을 일삼았다. 이것이 소위 '아비달마'불교이다. 이러한 논쟁의 결과 불교는 약 18~20개의 여러 부파로 분열였기 때문에 이 시기의 불교를 부파불교(部派佛教)라고 부른다. 대승불교운동은 이러

한 부파불교에 대한 반발이다.[1]

아비달마불교의 수행은 선정(禪定)이 중심이 되었으며, 선정을 통해 성취하려는 아라한에 대해서는 저마다 견해가 달랐다. '아라한이란 무엇인가?'라는 문제로 다투고, 서로 다른 이론으로 논쟁하는 가운데 불교는 여러 부파로 분열하였다. 대승불교는 "부유한 승원에 앉아서 이론을 만들어 논쟁하고, 자신이 깊은 선정에 들어 아라한을 성취했다고 자랑하는 것이 진정한 부처님의 가르침인가?"라는 비판에서 탄생했다.[2] 초기 대승불교운동가들은 선정(禪定) 속에서 열반을 구하는 아비달마불교를 비판하고 열반은 지혜, 즉 반야로 통찰하여 성취된다고 주장한다. 이러한 주장을 담은 것이 반야바라밀다를 핵심으로 하는 '반야부경전'이다.

그렇다면 왜 대승불교운동가들은 그들이 만든 대승경전을 부처님의 말씀이라고 주장하였을까? 우리는 『소품반야바라밀경(小品般若波羅蜜經)』에서 그 이유를 찾아볼 수 있다.

> 부처님의 여러 제자들이 감히 이야기한 것은 모두 부처님의 힘입니다. 왜냐하면, 부처님께서 말씀하신 가르침 가운데서 배운 사람은 능히 여러 법상(法相)을 증득할 수 있으며, (법상을) 증득하여 이야기한 말씀은 모두 법상과 서로 위배됨이 없나니, 그것은 법상의 힘〔法相力〕 때

1 이중표, 『니까야로 읽는 금강경』(민족사, 2016), pp. 33~34 참조.

2 위의 책, p. 40.

문입니다.

佛諸弟子 敢有所說 皆是佛力 所以者何 佛所說法 於中學者 能證諸法相 證已有所言說 皆與法相不相違背 以法相力故

대승불교운동가들은 부처님의 말씀과 제자들의 말이 법상(法相)에서 서로 어긋나지 않기 때문에 다를 바가 없다고 주장하면서 대승경전을 만들었다. 이와 같은 생각을 가진 초기의 대승불교운동가들이 아비달마불교가 부처님께서 가르친 법상(法相)에 위배된다고 비판하면서 만든 경전이 반야부경전이다. 그렇다면 반야부경전에서 비판하는 아비달마불교의 법상(法相)은 어떤 것인가?

아비달마의 일차적 과제는 '유위(有爲), 고(苦)'로 표상되는 경험상의 존재[有, bhāva]를 존재로서 성립 생성하게끔 하는 각종 조건을 분석 판별하는 것[諸法分別]이며, 그렇게 분석되어진 각각의 요소가 바로 법(法, dharma)이다. 이 모든 요소는 존재를 구성하는 객관적이고도 개별적인 요소[別法, pṛthagdharma]로서 과거·현재·미래의 삼세에 걸쳐 실재한다는 것이 당시 가장 큰 세력을 가진 설일체유부(說一切有部)의 법상관(法相觀)이다.[3]

반야부경전은 이러한 법상관을 비판한다. 우리가 언어로 인식하는 요소, 즉 법(法, dharma)은 실재가 아니며, 단지 분별되고 개념화된 언

3 권오민, 『有部阿毘達磨와 經量部哲學의 硏究』(경서원, 1994), pp. 25~26.

설에 지나지 않으며, 무자성(無自性)이며, 공(空)이라는 것이 반야부경전의 법상관이다. '여러 현상을 통일하는 전체자(pudgala, 我 또는 總實)로서의 존재는 부정되지만, 그러한 존재를 성립시키는 개별적인 요소〔dharma. 法, 즉 別實〕 내지 그 작용은 실재한다〔我空法有〕'고 하는 설일체유부의 주장에 대하여 '전체는 물론이거니와 그러한 여러 요소나 작용 또한 분별되어진 개념에 불과하다〔我空法空, 一切皆空〕'고 본 것이다.[4]

『반야심경』은 이러한 반야부경전의 법상관의 핵심을 보여주는 경전이다. 그렇다면 이러한 법상관의 근거는 무엇인가? 그것은 부처님께서 설하신 『니까야』와 『아함경』이다. 『맛지마 니까야』 1. 「근본법문경(Mūlapariyāya-sutta)」은 설일체유부의 법상관과 반야부경전의 법상관의 차이가 무엇인가를 잘 보여준다.

세존께서 말씀하셨습니다.

"비구들이여, 그대들에게 모든 가르침의 근본이 되는 법문을 설하겠소. 잘 듣고, 깊이 생각하도록 하시오. 내가 이야기하겠소."

"그렇게 하겠습니다. 세존이시여!"라고 그 비구들이 대답했습니다.

세존께서는 다음과 같이 말씀하셨습니다.

비구들이여, 무지한 범부는 땅〔地〕을 땅으로 개념적으로 인식한다

---

4 같은 책.

오.[5] 땅을 땅으로 개념적으로 인식하고 나서, 땅을 생각하고,[6] 땅에 대하여 생각하고, '땅이다'라고 생각하고, '땅은 나의 소유다'라고 생각하고, 땅을 애락(愛樂)한다오. 그 까닭은 무엇인가? '그는 정확하게 모르기 때문이다'라고 나는 말한다오.

비구들이여, 마음의 평온을 성취하지 못한 유학(有學)[7] 비구는 누구나 더할 나위 없는 행복[瑜伽安穩]을[8] 희구하며 살아간다오. 그는 땅을 땅으로 체험적으로 인식한다오.[9] 땅을 땅으로 체험적으로 인식하고 나서, 땅을 생각하지 않고, 땅에 대하여 생각하지 않고, '땅이다'라고 생각하지 않고, '땅은 나의 소유다'라고 생각하지 않고, 땅을 애락(愛樂)하지 않는다오. 그 까닭은 무엇인가? '그는 정확하게 알고자 하기 때문이다'라고 나는 말한다오.

비구들이여, 비구로서 번뇌[漏]를 멸진(滅盡)하고, 수행을 완성하고, 해야 할 일을 마치고, 짐을 내려놓고, 자신의 목적에 도달하여 존재의 결박(有結)[10]을 끊고 바른 지혜를 갖추어 해탈한 아라한은 누구나 땅(地)을 땅으로 체험적으로 인식한다오. 땅을 땅으로 체험적으로 인식하고 나서 땅을 생각하지 않고, 땅에 대하여 생각하지 않

---

5 'paṭhaviṃ paṭhavito sañjānāti'의 번역.

6 'paṭhaviṃ maññati'의 번역. 'maññati'는 개념을 가지고 헤아리고, 판단하는 것을 의미한다.

7 'sekha'의 번역

8 'anuttara yogakkhema'의 번역. 열반(涅槃)을 의미함.

9 'paṭhaviṃ paṭhavito abhijānāti'의 번역.

10 'bhava-saṃyojana'의 번역.

고, '땅이다'라고 생각하지 않고, '땅은 나의 소유(所有)다'라고 생각하지 않고, 땅을 애락(愛樂)하지 않는다오. 그 까닭은 무엇인가? '그는 정확하게 알고 있기 때문이다'라고 나는 말한다오.

〈중략〉

비구들이여, 아라한이며, 등정각(等正覺)인 여래(如來)는 땅을 땅으로 체험적으로 인식한다오. 땅을 땅으로 체험적으로 인식하고 나서, 땅을 생각하지 않고, 땅에 대하여 생각하지 않고, '땅이다'라고 생각하지 않고, '땅은 나의 소유다'라고 생각하지 않고, 땅을 애락(愛樂)하지 않는다오. 그 까닭은 무엇인가? 여래는 기쁨이 괴로움의 뿌리라는 것을 알고 있으며, 유(有)[11]로부터 생(生)이[12] 있고, 유정(有情)[13]의 노사(老死)가 있다는 것을 알기 때문이오. 비구들이여, 그래서 '여래는 어떤 경우에도 갈망하는 마음[愛]을 지멸(止滅)하고, 소멸하고, 단념하고 포기하여 무상(無上)의 등정각(等正覺)을 몸소 깨달은 등정각이다'라고 나는 말한다오.

(이처럼 세존께서는) 물[水, āpa], 불[火, teja], 바람[風, vāya], 유정(有情, bhūta)들, 천신(天神, deva)들, 생주(生主, pajāpati), 범천(梵天, brahmā : 色界初禪), 광음천(光音天, ābhassara : 色界二禪), 변정천(遍淨天, subhakiṇṇa : 色界三禪), 광과천(廣果天, vehapphala : 色界四禪), 승자천(勝

11 'bhava'의 번역.

12 'jāti'의 번역.

13 'bhūta'의 번역.

者天, abhibhū : 色界四禪), 공무변처(空無邊處, ākāsañcāyatana), 식무변처(識無邊處, viññāṇañcāyatana), 무소유처(無所有處, ākiñcaññāyatana), 비유상비무상처(非有想非無想處, nevasaññānāsaññāyatana), 보인 것〔diṭṭha〕, 들린 것〔suta〕, 사량(思量)된 것〔muta〕, 인식된 것〔viññāta〕, 단일성(單一性, ekatta), 다양성(多樣性, nānatta), 일체(一切, sabba), 열반(涅槃, nibbāna)에 대해서도 마찬가지로 말씀하셨습니다.[14]

이 경의 주제는 '부처님께서 가르친 모든 가르침의 근본'이다. 그렇다면 부처님 가르침의 근본은 무엇인가? 부처님께서는 이 경에서 "무지한 범부들은 개념적으로 인식하고〔sañjānāti〕, 열반을 추구하는 수행자와 열반을 성취한 아라한과 정각을 성취한 여래는 체험적으로 인식한다〔abhijānāti〕"고 말씀하신다. 개념적으로 인식하지 말고 체험적으로 인식하라는 것이 부처님께서 가르친 모든 가르침의 근본이다.

14 이중표, 『정선 맛지마 니까야(상)』(전남대학교출판부, 2016), pp. 24~27.

❖

개념적 인식과 체험적 인식

|

'개념적으로 인식하다'로 번역한 'sañjānāti'는 '하나의, 함께, 같은'의 의미를 지닌 접두어 'saṃ'과 '알다'라는 의미의 동사 'jānāti'의 합성어이다. 따라서 문자 그대로의 의미는 '함께 알다, 같은 것으로 알다, 하나로 알다'이다. '함께 알고, 같은 것으로 알고, 하나로 안다'는 것은 무엇을 의미하는 것일까? 이것은 대상을 개념(槪念)으로 인식한다는 말이다. '책상'이라는 개념은 세상의 모든 책상을 '하나의' 대상으로, '같은' 대상으로 삼고 있다. 세상에는 똑같은 책상이 하나도 없지만, 우리는 모든 책상을 함께 싸잡아서 '책상'이라는 하나의 동일한 개념을 사용하여 같은 것으로 인식한다. 이와 같이 어떤 대상을 '개념'을 가지고 인식하는 것이 'sañjānāti'이다. 오온(五蘊)의 상(想), 즉 'saññā'는 'sañjānāti'의 명사형으로서 '개념적으로 인식하는 마음'을 의미한다. 현대적인 의미로는 논리적으로 사유하는 '이성(理性)'이다. 이 경에서 부처님께서는 개념에 의한 이성적이고 논리적인 인식을 중생들의 잘못된 인식이라고 비판하고 있다.

'체험적으로 인식하다'로 번역한 'abhijānāti'는 '~에 대하여, 향하여, 두루'의 의미를 지닌 접두어 'abhi'와 '알다'라는 의미의 동사

'jānāti'의 합성어이다. 따라서 문자 그대로의 의미는 '~에 대하여 알다, 두루 알다'이다. '~에 대하여 안다'는 것은 '대상을 직접 몸으로 상대하여 체험적으로 안다'는 것을 의미한다.

그렇다면 체험적인 인식은 구체적으로 어떤 것인가? 『맛지마 니까야』 28. 「코끼리 발자국의 비유 큰 경(Mahāhatthipadopama-sutta)」은 체험적 인식이 어떤 것인지를 잘 보여준다.

> 존자들이여, 예를 들면, 동물의 발자국은 어떤 것이든 모두 코끼리 발자국 속에 들어가듯이, 그래서 코끼리 발자국이 동물들 가운데 가장 크다고 말하듯이, 존자들이여, 이와 같이 선법(善法)은 어떤 것이든 모두가 사성제(四聖諦) 속에 들어간다오. 사성제(四聖諦)는 어떤 것인가? 고성제(苦聖諦), 고집성제(苦集聖諦), 고멸성제(苦滅聖諦), 고멸도성제(苦滅道聖諦)라오.
>
> 존자들이여, 고성제(苦聖諦)란 어떤 것인가? 태어남[生]이 괴로움[苦]이고, 늙음[老]이 괴로움이고, 죽음[死]이 괴로움이고, 슬픔, 비탄, 고통, 근심, 불안이 괴로움이고, 원하는 것을 얻지 못하는 것이 괴로움이라오. 요컨대 오취온(五取蘊)이 괴로움이라오.[15]
>
> 존자들이여, 오취온은 어떤 것인가? 그것은 색취온(色取蘊), 수취온(受取蘊), 상취온(想取蘊), 행취온(行取蘊), 식취온(識取蘊)이라오.
>
> 존자들이여, 색취온은 어떤 것인가? 그것은 사대(四大)와 사대를

15 'saṅkhitena pañc' upādānakkhandhā dukkhā'의 번역.

취하고 있는 형색〔色〕이라오.[16]

존자들이여, 사대란 어떤 것인가? 그것은 지계(地界), 수계(水界), 화계(火界), 풍계(風界)라오.[17]

존자들이여, 지계란 어떤 것인가? 지계는 안에도 있고 밖에도 있다오. 존자들이여, 어떤 것이 안에 있는 지계〔內地界〕인가? 그것은 각자의 안에 있는 단단한 상태를 취한 것이오.[18] 예를 들면, 머리카락, 털, 손톱, 이빨, 피부, 살, 힘줄, 뼈, 골수, 콩팥, 염통, 간, 늑막, 비장, 허파, 창자, 내장, 위, 똥이나 그 밖에 어떤 것이든, 각자의 안에 있는 단단한 상태를 취한 것이오. 존자들이여, 이것이 안에 있는 지계〔內地界〕라고 불리는 것이오.

---

16 'cattāri ca mahābhūtāni catunnañ ca mahābhūtānaṃ upādāya rūpaṃ'의 번역. 이 문장의 번역에 유의할 필요가 있다. 대부분 이 문장을 '사대(四大)와 사대로 만들어진 물질'이라고 번역한다. 그리고 이러한 번역은 색(色), 즉 'rūpa'를 '물질'로 해석하는 근거가 된다. 그러나 '만들어진'으로 번역된 'upādāya'에는 '만들어진'이라는 뜻이 없다. 'upādāya'는 '잡다. 취하다. 집착하다'의 의미를 지닌 동사 'upādiyati'의 속격(屬格)을 지배하는 절대사로서 '~에 의해', '~을 취하여'라는 의미가 있다. 그리고 물질로 번역된 'rūpa'는 '형색, 형태'를 의미한다. 따라서 이 문장은 '사대와 사대에 의한 형색', 또는 '사대와 사대를 취하고 있는 형색'으로 번역하는 것이 옳다. 사대는 유물론자들이 주장한 세계를 구성하는 불멸의 실체다. 그런데 이 경에서는 유물론자의 사대를 불교의 개념인 사계로 환치(換置)하여 우리의 살아있는 몸을 구성하는 신체, 장기, 혈액, 활력, 소화기능 등을 의미하는 개념으로 사용하고 있다. 따라서 'catunnañ ca mahābhūtānaṃ upādāya rūpaṃ'은 '사대를 취하고 있는 몸'을 의미한다.

17 'paṭhavī-dhātu āpo-dhātu tejo-dhātu vāyo-dhātu'의 번역. 사대(四大)를 사계(四界)로 환치(換置)함으로써 불교에서 사용하는 사대(四大)가 유물론자의 사대(四大)와 다른 의미라는 것을 이야기하고 있다.

18 'ajjhattaṃ paccattaṃ kakkhalaṃ kharigataṃ upādiṇṇaṃ'의 번역.

안에 있는 지계와 밖에 있는 지계, 이들 지계에 대하여, '이것은 나의 소유가 아니고, 이것은 내가 아니고, 이것은 나의 자아(自我)[19]가 아니다'라고, 이와 같이 이것을 있는 그대로 바른 통찰지(通察智)로 통찰해야 한다오.[20] 이와 같이 이것을 있는 그대로 바른 통찰지로 통찰하고서, 지계를 염리(厭離)하고, 지계에 마음을 두지 말아야 한다오.

존자들이여, 밖에 있는 수계[外水界]가 요동칠 때가 있다오. 그때 밖에 있는 지계[外地界]는 소실된다오. 존자들이여, 그래서 밖에 있는 지계에는 노파(老婆)만큼이나 무상한 성질[無常性][21]과 소멸법의 성질[消滅法性][22]과 쇠멸법의 성질[衰滅法性][23]과 변역법의 성질(變易法性)[24]이 있다는 것을 알 수 있다오. 그런데 갈망하는 마음[愛]에 의해 취해진 초로(草露) 같은 형색[色]을 가지고, '나'라거나, '내 것'이라거나, '내가 있다'라고 할 수가 있겠소? 이 점에 관해서는 '아니다'라고 해야 할 것이오.

존자들이여, 수계(水界)란 어떤 것인가? 수계는 안에도 있고, 밖에도 있다오.

---

19 'attan'의 번역.

20 'evam-etaṃ yathābhūtaṃ sammappaññāya daṭṭhabbaṃ'의 번역.

21 'aniccatā'의 번역.

22 'khayadhammatā'의 번역.

23 'vayadhammatā'의 번역.

24 'vipariṇādhammatā'의 번역.

존자들이여, 어떤 것이 안에 있는 수계〔內水界〕인가? 그것은 각자의 안에 있는 물과 물의 상태를 취한 것[25]이오. 예를 들면, 담즙, 가래, 고름, 피, 땀, 기름, 눈물, 비계, 침, 콧물, 활액(滑液), 오줌이나, 그 밖에 어떤 것이든 각자의 안에 있는 물과 물의 상태를 취한 것이오. 존자들이여, 이것이 안에 있는 수계라고 불리는 것이오.

안에 있는 수계와 밖에 있는 수계, 이들 수계에 대하여, '이것은 나의 소유가 아니고, 이것은 내가 아니고, 이것은 나의 자아가 아니다'라고, 이와 같이 이것을 바른 통찰지로 있는 그대로 통찰해야 한다오. 이와 같이 이것을 있는 그대로 바른 통찰지로 통찰하고서, 수계를 염리하고, 수계에 마음을 두지 말아야 한다오.

존자들이여, 밖에 있는 수계〔外水界〕가 요동칠 때가 있다오. 그때 그 수계는 마을을 휩쓸어가고, 촌락을 휩쓸어가고, 성읍을 휩쓸어가고, 나라를 휩쓸어가고, 국토를 휩쓸어간다오. 그런가 하면 존자들이여, 큰 바다에 물이 100요자나(yojana)[26] 가라앉는 때도 있고, 200요자나 가라앉는 때도 있고, 300요자나 가라앉는 때도 있고, 400요자나 가라앉는 때도 있고, 500요자나 가라앉는 때도 있고, 600요자나 가라앉는 때도 있고, 700요자나 가라앉는 때도 있다오. 존자들이여, 큰 바다에 물이 7딸라(tāla)[27] 차있을 때도 있고, 6딸라 차있을 때

25 'ajjhataṃ paccattaṃ āpo āpogataṃ upādiṇṇaṃ'의 번역.

26 길이의 단위. 1요자나는 14km 정도라고 함.

27 딸라(tāla)는 야자수이다. 여기에서는 길이의 단위로서 야자수 높이를 의미한다.

도 있고, 5딸라 차있을 때도 있고, 4딸라 차있을 때도 있고, 3딸라 차있을 때도 있고, 2딸라 차있을 때도 있고, 딸라만큼 차있을 때도 있다오. 존자들이여, 큰 바다에 물이 일곱 길[28] 차있을 때도 있고, 여섯 길 차있을 때도 있고, 다섯 길 차있을 때도 있고, 네 길 차있을 때도 있고, 세 길 차있을 때도 있고, 두 길 차있을 때도 있고, 사람의 키만큼 차 있을 때도 있다오. 존자들이여, 큰 바다에 물이 반길 차있을 때도 있고, 허리만큼 차있을 때도 있고, 무릎만큼 차있을 때도 있고, 발목만큼 차있을 때도 있다오. 존자들이여, 큰 바다에 물이 손가락을 적실만큼도 없는 때도 있다오. 존자들이여, 그래서 밖에 있는 수계에는 노파만큼이나 무상한 성질과 소멸법의 성질과 쇠멸법의 성질과 변역법의 성질이 있다는 것을 알 수 있다오. 그런데 갈망하는 마음에 의해 취해진 초로 같은 몸을 가지고, '나'라거나, '내 것'이라거나, '내가 있다'라고 할 수가 있겠소? 이 점에 관해서는 '아니다'라고 해야 할 것이오.

존자들이여, 화계(火界)란 어떤 것인가? 화계는 안에도 있고, 밖에도 있다오.

존자들이여, 어떤 것이 안에 있는 화계(內火界)인가? 그것은 각자의 안에 있는 열[29]과 열의 상태[30]를 취한 것이오. 예를 들면, 활력을

28 'porisa'의 번역. 'porisa'는 길이의 단위로서 일반 성인 키 정도의 길이이다. 우리말의 길이의 단위인 '길'과 같은 의미이므로 '길'로 번역했다.

29 'tejo'의 번역.

30 'tejogata'의 번역.

주는 것, 노쇠하게 하는 것, 화를 일으키는 것, 먹은 음식을 잘 소화시키는 것, 그 밖에 어떤 것이든 각자의 안에 있는 열과 열의 상태를 취한 것이오. 존자들이여, 이것이 안에 있는 화계라고 불리는 것이오.

안에 있는 화계와 밖에 있는 화계, 이들 화계에 대하여, '이것은 나의 소유가 아니고, 이것은 내가 아니고, 이것은 나의 자아가 아니다'라고, 이와 같이 이것을 바른 통찰지로 있는 그대로 통찰해야 한다오. 이와 같이 이것을 바른 통찰지로 있는 그대로 통찰하고서 화계를 염리하고, 화계에 마음을 두지 말아야 한다오.

존자들이여, 밖에 있는 화계[外火界]가 요동칠 때가 있다오. 그때 그 화계는 마을을 태우고, 촌락을 태우고, 성읍을 태우고, 나라를 태우고, 국토를 태운다오. 존자들이여, 그 화계는 초원의 주변이나, 도롯가나, 바위 주변이나, 물가나, 탁 트인 평지에 이르러 연료가 다하면 꺼진다오. 존자들이여, 그런가 하면 사람들이 닭의 깃털과 가죽 조각으로 불씨를 구하기 위해 애쓰는 때가 있다오.

존자들이여, 그래서 밖에 있는 화계에는 노파만큼이나 무상한 성질과 소멸법의 성질과 쇠멸법의 성질과 변역법의 성질이 있다는 것을 알 수 있다오. 그런데 갈망하는 마음에 의해 취해진 초로 같은 몸을 가지고, '나'라거나, '내 것'이라거나, '내가 있다'라고 할 수가 있겠소? 이 점에 관해서는 '아니다'라고 해야 할 것이오.

존자들이여, 풍계(風界)란 어떤 것인가? 풍계는 안에도 있고, 밖에도 있다오.

존자들이여, 어떤 것이 안에 있는 풍계인가? 그것은 각자의 안에 있는 바람[31]과 바람의 상태[32]를 취한 것이오. 예를 들면, 위로 올라가는 바람, 아래로 내려가는 바람, 자궁 안에 있는 바람, 배 속에 있는 바람, 사지(四肢)를 돌아다니는 바람, 들숨과 날숨, 그 밖에 어떤 것이든 각자의 안에 있는 바람과 바람의 상태를 취한 것이오. 존자들이여, 이것이 안에 있는 풍계라고 불리는 것이오.

안에 있는 풍계와 밖에 있는 풍계, 이들 풍계에 대하여, '이것은 나의 소유가 아니고, 이것은 내가 아니고, 이것은 나의 자아가 아니다'라고, 이와 같이 이것을 바른 통찰지로 있는 그대로 통찰해야 한다오. 이와 같이 이것을 바른 통찰지로 있는 그대로 통찰하고서, 풍계를 염리하고, 풍계에 마음을 두지 말아야 한다오.

존자들이여, 밖에 있는 풍계[外風界]가 요동칠 때가 있다오. 그때 그 풍계는 마을을 휩쓸어버리고, 촌락을 휩쓸어버리고, 성읍을 휩쓸어버리고, 나라를 휩쓸어버리고, 국토를 휩쓸어버린다오. 존자들이여, 그런가 하면, 사람들이 야자수 잎과 부채로 바람을 구하는 여름의 마지막 달에는 흐르는 물가의 풀잎도 흔들리지 않는 때가 있다오.

존자들이여, 그래서 밖에 있는 풍계에는 늙은 여자만큼이나 무상한 성질과 소멸법의 성질과 쇠멸법의 성질과 변역법의 성질이 있다는 것을 알 수 있다오. 그런데 갈망하는 마음[愛]에 의해 취해진 초로 같은 몸을 가지고, '나'라거나, '내 것'이라거나, '내가 있다'라고 할

31 'vāyo'의 번역.

32 'vāyogata'의 번역.

수가 있겠소? 이 점에 관해서는 '아니다'라고 해야 할 것이오.

존자들이여, 만약 어떤 비구를 다른 사람들이 욕하고, 비난하고, 괴롭히고, 모욕한다면, 그는 다음과 같이 통찰한다오.[33]

'나에게 발생한 청각경험[耳觸]에서 생긴 이 괴로움을 느끼는 마음[受]은 분명히 의지하고 있지, 독립적으로 있지 않구나.[34] 무엇을 의지하고 있는가?[35] 경험[觸]을 의지하고 있구나.[36]'

그는 '경험[觸]은 무상(無常)하다'는 것을 관찰하고,[37] '느끼는 마음[受]은 무상하다'는 것을 관찰하고, '생각하는 마음[想]은 무상하다'는 것을 관찰하고, '조작하는 행위[行]들은 무상하다'[38]는 것을 관찰

---

33 'pajānati'의 번역. 'pajānati'는 '통찰지'를 의미하는 '반야(般若, paññā)'의 동사형이므로 '통찰하다'로 번역함.

34 'uppannā kho me ayaṃ sotasamphassajā dukkhā vedanā, sā ca kho paṭicca no appaṭicca'의 번역. 'paṭicca'는 '의지하다'는 의미의 동사 'pacceti'의 절대사로서 '의지하고서, 조건으로 하여'의 의미이다. 이 개념은 연기(緣起), 즉 'paṭiccasamuppāda'의 핵심이다. 여기에서는 촉(觸)에서 수(受)가 연기하는 것을 통찰하는 것에 대하여 이야기하고 있다. 따라서 'paṭicca'를 '의지하고 있다'의 의미로, 'appaṭicca'를 '독립적으로 있다'의 의미로 번역했다. 여기에서 'vedanā, 受'를 '느끼는 마음'으로 번역하였다. 불교에서 '느낌'과 '느끼는 마음'은 서로 다른 것이 아니다. 느끼는 마음이 느낌을 느끼는 것이 아니라, 느끼는 마음이 일어날 때 느낌을 느낀다고 보는 것이 불교의 입장이다. 이것이 불교의 무아(無我)이다.

35 'kiṃ paṭicca'의 번역.

36 'phassaṃ paṭicca'의 번역. 지각활동[根]과 지각대상[境], 그리고 그것을 분별하는 의식[識]의 만남을 의미하는 'phassa, 觸'은 공간적인 접촉이 아니라 지각경험(知覺經驗)을 의미함. 이 부분은 주의집중[sati]을 하면서 통찰하는 내용이므로 자신이 직접 통찰하고 있다는 의미에서 '있다'로 번역하지 않고, '있구나'로 번역함.

37 'passati'의 번역.

38 'saṅkhārā aniccā'의 번역. 촉(觸, phassa), 수(受, vedanā), 상(想, saññā), 행(行, saṅkhāra), 식(識,

하고, '분별하는 마음[識]은 무상하다'는 것을 관찰한다오. 그래서 마음이 그 통찰의 대상이 되는 계(界)[39]에 도약하여, 확신을 가지고 확고하게 머물면서 몰입한다오.

비구들이여, 만약에 다른 사람들이 불쾌하고, 기분 나쁘고, 마음에 들지 않게 그 비구에게 손찌검, 흙덩어리 팔매질, 몽둥이질, 칼질을 하면, 그는 다음과 같이 통찰한다오.

'지금 이 몸은 손찌검을 당하고, 흙덩어리 팔매질을 당하고, 몽둥이질을 당하고, 칼질을 당하고 있구나.

〈중략〉

나는 물러서지 않고 힘써 정진하겠다. 정신을 똑바로 차리고 주의집중[40]에 전념하겠다. 몸은 가볍고 편안하게 하고, 마음은 집중하여 삼매에 들겠다. 이제 마음 내키는 대로 이 몸에 손찌검하고, 흙덩어리를 던지고, 몽둥이질을 하고, 칼질을 하도록 내버려 두자. 이것

---

viññāṇa) 가운데 행만 복수형을 취하고 있다. 이것은 행이 3행, 즉 신행(身行), 구행(口行), 의행(意行)이라는 것을 의미한다.

39 'dhātārammaṇa'의 번역. 여기에서는 4계(界)를 통찰의 대상으로 하고 있기 때문에 '통찰의 대상이 되는 계[dhātārammaṇa]'는 지수화풍(地水火風) 4계이며, 이것은 우리의 형색[色]을 의미하므로 색계(色界)를 의미한다고 할 수 있다. 그런데, 이후의 내용을 보면, 허공(虛空)과 식(識) 그리고 연기(緣起)와 사성제를 대상으로 통찰하는 이야기가 전개되고 있다. 따라서 '마음이 통찰의 대상이 되는 계로 도약한다'는 것은 욕계(欲界)의 마음이 색계를 대상으로 도약하고, 색계의 마음이 무색계(無色界)를 대상으로 도약하고, 무색계의 마음이 연기를 대상으로 도약하고 마침내 사성제를 대상으로 통찰하여 열반을 성취하게 되는 것을 의미한다.

40 'sati'의 번역.

이 부처님들의 가르침이다.'

존자들이여, 만약 그 비구가 이와 같이 부처님을 생각하고, 가르침[法]을 생각하고, 승가(僧伽)를 생각해도 좋은 의지처가 되는 평정한 마음[捨]이 확립되지 않으면[41] 그는 그로 인해서 동요하고, 두려움이 생긴다오. 그래서 다음과 같이 생각한다오.

〈중략〉

존자들이여, 만약 그 비구가 이와 같이 부처님을 생각하고, 가르침을 생각하고, 승가(僧伽)를 생각하여 좋은 의지처가 되는 평정한 마음[捨]이 확립되면, 그로 인해서 기쁨이 있다오. 존자들이여, 비구가 이 정도가 되려면 많은 수행이 필요하다오.[42]

존자들이여, 비유하면, 나무 조각을 의지하고, 칡넝쿨을 의지하고, 풀을 의지하고, 진흙을 의지하여 둘러싸인 허공이 '집'이라는 명칭으로 불리듯이,[43] 존자들이여, 이와 같이 해골을 의지하고, 근육을 의지하고, 살을 의지하고, 가죽을 의지하여 둘러싸인 허공이 형색을 지닌 몸[色][44]이라는 명칭으로 불린다오.[45]

---

41 'upekhā kusalanissitā na saṇṭhāti'의 번역.

42 'ettāvatā pi kho āvuso bhikkhuno bahu kataṃ hoti'의 번역. 색계(色界) 사선(四禪)의 성취를 의미한다.

43 'seyyathā pi āvuso kaṭṭhañ ca paṭicca valliñ ca paṭicca tiṇañ ca paṭicca mattikañ ca paṭicca ākāso parivārito agāran t' eva saṅkhaṃ gacchati'의 번역.

44 'rūpa'의 번역.

45 공무변처(空無邊處)의 통찰을 이야기하는 것 같다.

존자들이여, 안에 손상을 입지 않은 시각기능[眼][46]이 있어도 밖에 형색[色][47]들이 시야에 들어오지 않고, 적절하게 집중하지 않으면 그 결과 적절한 분별하는 마음의 영역[48]은 결코 나타나지 않는다오.[49]

존자들이여, 안에 손상을 입지 않은 시각기능[眼]이 있고, 밖에 형색[色]들이 시야에 들어와도 적절하게 집중하지 않으면, 그 결과 적절한 분별하는 마음의 영역은 결코 나타나지 않는다오.

존자들이여, 몸 안에 손상을 입지 않은 시각기능[眼]이 있고, 밖에 형색[色]들이 시야에 들어오고, 적절하게 집중하기 때문에, 이와 같이 적절한 분별하는 마음의 영역이 나타난다오.[50]

그렇게 형성된 형색[色]은 색취온(色取蘊)에 모이고,[51] 그렇게 형성된 느끼는 마음[受]은 수취온(受取蘊)에 모이고, 그렇게 형성된 생각하는 마음[想]은 상취온(想取蘊)에 모이고, 그렇게 형성된 조작하는 행위[行]들은 행취온(行取蘊)에 모이고, 그렇게 형성된 분별하는 마음[識, viññāṇa]은 식취온(識取蘊)에 모인다오. 그는 '참으로 이들 오취온(五取蘊)[52]은 이와 같이 모이고, 집합되고, 결합된다'라고 통찰하여 안

---

46 'cakkhu'의 번역.

47 'rūpa'의 번역.

48 'viññāṇabhāga'의 번역.

49 'neva tāva tajjassa viññāṇabhāgassa pātubhāvo hoti'의 번역.

50 식무변처(識無邊處)의 통찰을 이야기하는 것 같다.

51 'yaṃ tathābhūtassa rūpaṃ taṃ rūpupādānakkhandhe saṅgahaṃ gacchati'의 번역.

52 'pañca-upādānakkhandhā'의 번역.

다오.[53]

세존께서는 "연기(緣起)를 보는 자는 법(法)을 보고, 법을 보는 자는 연기를 본다"[54]라고 말씀하시었소. 그런데 이들 오취온은 연기한 것[55]들이라오. 이들 오취온에 대하여 욕망, 애착, 호의, 탐닉이 있는 것이 고집(苦集)이며, 이들 오취온에 대하여 욕탐(欲貪)을 억제하고, 욕탐을 제거하는 것이 고멸(苦滅)이라오. 존자들이여, 비구가 이 정도가 되려면 많은 수행이 필요하다오.[56]

존자들이여, 청각기능〔耳〕, 후각기능〔鼻〕, 미각기능〔舌〕, 촉각기능〔身〕, 마음〔意〕도 마찬가지라오.

존자들이여, 안에 손상을 입지 않은 마음[57]이 있어도, 밖에 법(法)들이 시야에 들어오지 않고, 적절하게 집중하지 않으면, 그 결과 적절한 분별하는 마음의 영역은 결코 나타나지 않는다오. 존자들이여, 안에 손상을 입지 않은 마음이 있고, 밖에 법들이 시야에 들어와도, 적절하게 집중하지 않으면, 그 결과 적절한 분별하는 마음의 영역은 나타나지 않는다오. 존자들이여, 안에 손상을 입지 않은 사유기능이 있고, 밖에 법들이 시야에 들어오고, 적절하게 집중하기 때문에, 이

53 연기(緣起)의 통찰을 의미한다.

54 'yo paṭiccasamuppādaṃ passati so dhammaṃ passati, yo dhammaṃ passati so paṭiccasamuppādaṃ passati'의 번역.

55 'paṭiccasamuppanna'의 번역.

56 사성제의 통찰을 의미한다.

57 'mano'의 번역.

와 같이 적절한 분별하는 마음의 영역이 나타나는 것이라오.

그렇게 형성된 형색[色]은 색취온에 모이고, 그렇게 형성된 느끼는 마음[受]은 수취온에 모이되고, 그렇게 형성된 생각하는 마음[想]은 상취온에 모이고, 그렇게 형성된 조작하는 행위[行]들은 행취온에 모이고, 그렇게 형성된 분별하는 마음[識, viññāṇa]은 식취온에 모인다오. 그는 '참으로 이들 오취온은 이와 같이 모이고, 집합되고, 결합된다'라고 통찰하여 안다오.

세존께서는 "연기를 보는 자는 법을 보고, 법을 보는 자는 연기를 본다"라고 말씀하시었소. 그런데 이들 오취온은 연기한 것[58]들이라오. 이들 오취온에 대하여 욕망, 애착, 호의, 탐닉이 있는 것이 고집(苦集)이며, 이들 오취온에 대하여 욕탐을 억제하고, 욕탐을 제거하는 것이 고멸(苦滅)이라오. 존자들이여, 비구가 이 정도가 되려면 많은 수행이 필요하다오.[59]

부처님 당시의 인도 사람들은 이 세계가 물질적으로는 불멸의 실체인 사대(四大), 즉 땅[地]·물[水]·불[火]·바람[風]이라는 존재로 이루어져 있고, 그곳에 생명을 지닌 유정(有情)들과 여러 천신들이 살고 있으며, 하늘 위에는 범천(梵天)을 비롯하여 수많은 천상의 세계가 존재한다고 생각했다. 그리고 형색을 지닌 우리의 몸은 사대로 이루어

58 'paṭiccasamuppanna'의 번역.

59 이중표, 『정선 맛지마 니까야(상)』 pp. 212~224.

졌기 때문에 죽으면 땅·물·불·바람으로 흩어진다고 생각했다. 사대를 이렇게 인식하는 것이 개념적인 인식이다. 사대를 불변의 실체로 규정하고, 그렇게 규정된 개념으로 땅·물·불·바람을 인식함으로써, 우리의 몸은 불변의 실체인 땅·물·불·바람이 일시적으로 모여 있는 것이라고 생각하게 된 것이다.

이 경에서는 이와 같이 개념으로 대상을 인식하지 말고, 구체적인 체험을 통해서 대상을 파악해야 한다고 이야기하고 있다. 이 경에서 주목할 것은 사대를 계(界)라고 부르고 있는 점이다. 대(大)는 'mahābhūta'의 한역이고, 계(界)는 'dhātu'의 한역이다. 'mahābhūta'는 '크다'는 의미의 'mahā'와 '존재'라는 의미의 'bhūta'가 결합한 합성어로서 '위대한 존재', 즉 '불멸의 실체'를 의미한다. 한편 'dhātu'는 '같은 종류의 집단'을 의미한다. 이 경에서 사대를 사계(四界)라고 하는 것은 당시의 인도인들이 불멸의 실체로 생각하는 사대가 사실은 불멸의 실체가 아니라 같은 성질을 지닌 것을 같은 종류로 분류한 것에 지나지 않음을 표현한 것이다.

우리가 땅이라고 부르는 개념은 '단단한 상태를 취한 것'을 지칭하는 것이고, 물은 '물의 상태를 취한 것'을 지칭하는 것일 뿐, 결코 불변의 실체가 아니며, 우리가 체험하는 땅·물·불·바람은 그것이 몸 안에 있는 것이든, 몸 밖에 있는 것이든, 모두가 무상한 성질〔無常性〕과 소멸법의 성질〔消滅法性〕과 쇠멸법의 성질〔衰滅法性〕과 변역법의 성질〔變易法性〕이 있다는 것이다. 이와 같이 체험을 통해서 대상을 인식하는 것이 체험적 인식이다. 그리고 이러한 체험적 인식을 통해서 우리가 자아로 취하고 있는 오취온이 십이입처(十二入處)에서 연기한 것임을 깨달을 수 있으며, 자아라는 망상에서 벗어나 모든 괴로움을 없앨 수 있다는 것이 이 경의 내용이다.

❖

보살의 반야바라밀

부처님의 가르침은 이 세계를 초월한 그 어떤 것이 아니다. 부처님께서는 우리가 살고 있는 현실의 존재들, 즉 나와 세계에 대하여 체험적으로 바르게 인식할 것을 가르치셨다. 그런데 아비달마불교에서는 부처님께서 말씀하신 언어를 실체시하여 개념적으로 불교를 해석했다.

부파불교의 하나인 설일체유부(說一切有部)는 논리적으로 분석되어진 각각의 요소, 즉 법(法, dharma)이 '과거·현재·미래의 삼세에 걸쳐 실재한다〔三世實有 法體恒有〕'고 주장했다. 이러한 법상관은 개념적 해석의 결과이다.

논리를 구성하는 것은 언어이고, 언어는 개념이다. 그리고 이 언어를 실체시하여 인식하는 것이 개념적 인식, 즉 'sañjānāti'이다. 과거·현재·미래라는 시간은 실재가 아니라 관념이다. 과거는 이미 지난 시간이기 때문에 실재하는 시간이 아니라 기억 속에 있는 관념이다. 미래는 아직 오지 않은 시간이기 때문에 실재하는 시간이 아니라 예상 속에 있는 관념이다. 현재는 과거와 미래 사이에 있는 시간이기 때문에 실재하는 시간이 아니라 과거와 미래라는 관념을 통해 추론된 관념이다.

시간은 '간격이나 사이'로 측정되는 존재가 아니다. 그런데 설일체유부는 관념적인 언어를 실체시하여 삼세실유(三世實有)를 주장하고, 논리적으로 분석된 개념을 실체시하여 법체항유(法體恒有)를 주장했다. 설일체유부는 부처님이 말씀하신 언어를 실체시하여 개념적으로 불교를 해석한 것이다.

반야부경전은 이러한 개념적인 인식을 비판한다. 『소품반야바라밀경(小品般若波羅蜜經)』에서는 다음과 같이 이야기한다.

> 그때 수보리가 부처님께 말씀드렸습니다.
>
> 세존이시여, 부처님께서는 저로 하여금 여러 보살들이 마땅히 성취해야 할 반야바라밀을 설하라고 하시는데, 세존이시여, '보살'이라고 말씀하신 '보살'은 어떤 법과 대상[法義]이 '보살'입니까? 저는 보살이라는 이름을 가지고 존재하는 법이 있다고 보지 않습니다. 세존이시여, 저는 보살을 보지 않고, 보살을 얻지도 않고, 반야바라밀 또한 보지 않고 얻지 않았습니다. 그런데 어떤 보살의 반야바라밀을 가르쳐야 합니까? 만약에 보살이 이 말을 듣고 놀라지 않고, 두려워하지 않고, 포기하지 않고, 물러서지 않고 말한 그대로 실천하면 이것을 이름하여 '보살의 반야바라밀을 가르친다'라고 하는 것입니다.
>
> 爾時須菩提白佛言 世尊 佛使我爲諸菩薩說所應成就般若波羅蜜 世尊所言菩薩菩薩者 何等法義是菩薩 我不見有法名爲菩薩 世尊 我不見菩薩 不得菩薩 亦不見不得般若波羅蜜 當教何等菩薩般若波羅蜜 若菩薩

聞作是說 不驚不怖 不沒不退 如所說行 是名教菩薩般若波羅蜜

'보살은 반야바라밀을 성취해야 한다'고 이야기할 때, 이 말속에는 '보살'이라는 언어가 있고, '반야바라밀'이라는 언어가 있다. 언어를 실체시하여 개념적으로 이해하면 이 말은 '보살'이라는 존재가 '반야바라밀'이라는 존재를 성취하여 얻는 것을 의미한다. 예를 들어 "도둑이 도둑질을 한다"는 말을 개념적으로 이해하면, '도둑'이라는 존재가 '도둑질'이라는 행위를 행하는 것이 된다. 이때 '도둑'은 남의 물건을 훔치기 전부터 '도둑'이고, '도둑질'은 도둑이 없어도 존재하는 '도둑질'이다. 도둑이 없어도 도둑질이 있고, 도둑질을 하지 않아도 도둑이 있는 것이다.

이것이 언어, 즉 개념을 실체시하는 'sañjānāti'이며, 이렇게 'sañjānāti'하며 사는 존재를 중생이라고 부른다. 이 세상에는 본래부터 '도둑'이라는 이름을 가지고 존재하는 사람은 없다. 그리고 '도둑질'이라는 이름을 가지고 있는 행위도 없다. 이렇게 언어로 된 이름에 상응하는 실재는 없다는 것을 알고 살아가는 삶, 즉 'abhijānāti'하면서 살아가는 삶이 보살의 반야바라밀이다. 『반야심경』은 이러한 보살의 반야바라밀의 핵심을 설하고 있는 경전이다.

2

현존하는 한역漢譯 『반야심경』

현존하는 한역(漢譯) 『반야심경』은
8종이 있으며, 한역본에는
서분, 유통분, 정종분을 갖춘 5종의
광본(廣本)과 서분, 유통분이 생략되고
정종분만 있는 3종의 약본(略本)이 있다.
약본 가운데 하나는 범어를 한자로
음사(音寫)하고 번역어를 부기(附記)한 것이다.
이외에 티베트역, 몽골역이 있다.
범본(梵本)은 다른 지역에서는
발견되지 않았고, 일본에 광본과
약본의 사본(寫本)이 있는데 대화(大和)의
장곡사(長谷寺)에는 광본이, 나라(奈良)의
법륭사(法隆寺)에는 약본이 전해지고 있다.
『반야심경』은 유럽에도 번역 출판되어
세계적으로 널리 보급되었다.
1866년에는 프랑스의 레온 페르(L. Feer)가
광본을 프랑스어로 번역하여 파리에서
출판하였고, 1884년에는
막스 뮐러(Max Müller)와 난조 분유
(南條文雄)가 장곡사 소장의 광본과 법륭사
소장의 약본을 교정해 영어로 번역하였다.

마하반야바라밀대명주경(摩訶般若波羅蜜大明呪經)

요진 천축삼장 구마라집 역(姚秦 天竺三藏 鳩摩羅什 譯)

1

관세음보살은 깊은 반야바라밀을 실천하면서 오음(五陰)이 공(空)임을 비추어보고 일체의 고액을 벗어났다오.

사리불이여, 색(色)은 공(空)이기 때문에 뇌괴상(惱壞相)이 없고, 수(受)는 공이기 때문에 수상(受相)이 없고, 상(想)은 공이기 때문에 지상(知相)이 없고, 행(行)은 공이기 때문에 작상(作相)이 없고, 식(識)은 공이기 때문에 각상(覺相)이 없다오. 왜냐하면, 사리불이여, 색은 공과 다르지 않고, 공은 색과 다르지 않아서 색이 곧 공이요, 공이 곧 색이기 때문이라오. 수상행식도 이와 같다오.

사리불이여, 이들 법의 공상(空相)은 생긴 것도 아니고 소멸하는 것도 아니며, 더럽혀지는 것도 아니고 청정한 것도 아니며, 늘어나는 것도 아니고 줄어드는 것도 아니라오. 이 공법(空法)은 과거도 아니고, 미래도 아니고, 현재도 아니라오. 그러므로 공 가운데는 색이 없고, 수상행식이 없다오. 안이비설신의(眼耳鼻舌身意)가 없고, 색성향미촉법(色聲香味觸法)이 없다오. 안계(眼界) 내지 의식계(意識界)가 없으며, 무명이 없고, 무명의 멸진도 없으며, 내지 노사(老死)도 없고,

노사의 멸진도 없다오. 고집멸도(苦集滅道)가 없고, 깨달을 것도 없고, 얻을 것도 없다오.

얻을 것이 없기 때문에 보살은 반야바라밀다에 의지함으로써 마음에 걸림이 없으며, 걸림이 없기 때문에 두려움 없이 일체의 전도몽상(顚倒夢想)과 고뇌(苦惱)를 멀리하여 구경에 열반을 성취한다오. 삼세의 모든 부처님들도 반야바라밀다에 의지함으로써 아누다라삼먁삼보리를 얻는다오.

그러므로 반야바라밀다는 크게 밝은 주(呪)이며, 위없이 밝은 주이며, 비할 바 없이 밝은 주이며, 능히 일체의 괴로움을 없애며, 진실하고 허망하지 않은 것임을 알아야 한다오. 그래서 반야바라밀다주를 설하겠소.

주를 설하여 말씀하시기를

'아제 아제 바라아제 바라승아제 모지 사바하.'

觀世音菩薩 行深般若波羅蜜時 照見五陰空 度一切苦厄 舍利弗 色空故無惱壞相 受空故無受相 想空故無知相 行空故無作相 識空故無覺相 何以故 舍利弗 非色異空 非空異色 色即是空 空即是色 受想行識亦如是 舍利弗 是諸法空相 不生不滅 不垢不淨 不增不減 是空法 非過去 非未來 非現在 是故空中無色 無受想行識 無眼耳鼻舌身意 無色聲香味觸法 無眼界乃至無意識界 無無明亦無無明盡 乃至無老死無老死盡 無苦集滅道 無智亦無得 以無所得故 菩薩依般若波羅蜜故 心無罣礙 無罣礙故 無有恐怖 離一切顚倒夢想苦惱 究竟涅槃 三世諸佛依般若波羅

蜜故 得阿耨多羅三藐三菩提 故知般若波羅蜜是大明呪 無上明呪 無等等明呪 能除一切苦 眞實不虛 故說般若波羅蜜呪

卽說呪曰 竭帝 竭帝 波羅竭帝 波羅僧竭帝 菩提 僧莎呵

이 경은 구마라집(鳩摩羅什)이 번역한 최초의 한역(漢譯) 『반야심경』이다. 구마라집은 서기 401년 중국 장안(長安)에 들어와서 413년 입적할 때까지 역경활동을 했으며, 이 경은 이때 번역된 약본이다. 우리에게 익숙한 현장의 한역과 비교해 보면 오온(五蘊)을 오음(五陰)으로 번역하고 있고, 현장의 한역본에는 없는 다음과 같은 내용이 첨가되어 있다.

사리불이여, 색(色)은 공(空)이기 때문에 뇌괴상(惱壞相)이 없고, 수(受)는 공이기 때문에 수상(受相)이 없고, 상(想)은 공이기 때문에 지상(知相)이 없고, 행(行)은 공이기 때문에 작상(作相)이 없고, 식(識)은 공이기 때문에 각상(覺相)이 없다.

舍利弗 色空故無惱壞相 受空故無受相 想空故無知相 行空故無作相 識空故無覺相

이 부분은 구마라집이 난해한 『반야심경』의 내용을 쉽게 이해할 수 있도록 첨가한 것으로 보인다. 오온이 공임을 알고 모든 괴로움에서 벗어났다는 『반야심경』에는 왜 오온이 공이라는 것을 알면 괴로움에서 벗어나게 되는지에 대한 설명이 없다. 구마라집이 활동하던 시기의 중국인들은 불교를 깊게 이해하지 못했다. 그래서 그들이 난해한 『반야심경』을 이해할 수 있도록 이 부분을 첨가한 것이라고 생각된다.

왜 오온이 공임을 알면 괴로움에서 벗어날 수 있을까? 색은 우리의 형색을 지닌 몸을 의미한다. 중생들은 일정한 형태의 몸을 자기로 여기며 그로 인해 고뇌가 생긴다. 몸이 늙고 병들면 자신이 늙고 병들었다고 괴로워한다. 이것이 뇌괴상(惱壞相)이다. 그런데 그 몸이 실체가 없는 공이라서 자기라고 할 만한 것이 없다는 것을 깨달으면 몸이 늙고 병드는 것을 자신이 늙고 병들었다고 생각하지 않을 것이다.

느끼는 마음〔受〕, 개념으로 대상을 사유하는 마음〔想〕, 행위를 행하는 의지〔行〕, 대상을 분별하는 마음〔識〕에 대해서도 마찬가지다. 중생들은 오온을 자아로 취함으로써 괴로움을 겪고 있다. 그런데 자아로 취하고 있는 오취온이 자성(自性)이 없는 공이라는 사실을 알고 오온을 자아로 취하지 않으면 그로 인해서 나타나는 괴로움이 사라질 것이다.

구마라집은 이렇게 오온의 공을 깨달으면 왜 괴로움에서 벗어날 수 있는지에 대한 설명을 부가하여 난해한 『반야심경』의 이해를 돕고 있는 것이다.

『반야심경』에서 가장 난해한 부분은 공 가운데는 오온도 없고, 사성제(四聖諦)도 없다는 말씀이다. 아무 설명 없이 색수상행식(色受想

行識)이 없고, 안이비설신의(眼耳鼻舌身意)가 없고, 색성향미촉법(色聲香味觸法)이 없고, 내지 고집멸도(苦集滅道)가 없다는 말씀을 어떻게 이해해야 할까? 범본(梵本)을 보더라도 이에 대한 설명은 없다. 그런데 구마라집의 한역본은 그 이유를 다음과 같이 밝히고 있다.

> 이 공법(空法)은 과거도 아니고, 미래도 아니고, 현재도 아니다. 그러므로 공 가운데는 색(色)이 없고, 수상행식(受想行識)이 없다.
>
> 是空法 非過去 非未來 非現在 是故空中無色 無受想行識

오온(五蘊), 십이입처(十二入處) 등이 없고, 사성제(四聖諦)까지 없다고 하는 이유를 자성(自性)이 공한 법(法)은 과거, 현재, 미래라는 시간 속에 존재하는 시간적 존재가 아니기 때문이라고 설명하는 이 부분도 구마라집이 부가한 것이다. 모든 존재는 시간 속에 존재하는데, 공성(空性)을 본성으로 하는 법(法)은 시간적 존재가 아님을 밝혀, 공 가운데는 오온 등이 없다는 『반야심경』의 말씀을 부가적으로 설명하고 있는 것이다.

이와 같이 구마라집의 한역본은 난해한 내용의 이해를 돕는 설명을 부가하고 있다. 다른 부분은 현장의 번역과 크게 다르지 않다.

❖

반야바라밀다심경(般若波羅蜜多心經)

당 삼장법사 현장 역(唐 三藏法師 玄奘 譯)

ㅣ

관자재보살은 깊은 반야바라밀을 실천하면서 오온(五蘊)이 공임을 비추어보고 일체의 고액을 벗어났다오.

사리자여, 색(色)은 공과 다르지 않고, 공은 색과 다르지 않아서 색이 곧 공이요, 공이 곧 색이라오. 수(受)·상(想)·행(行)·식(識)도 이와 같다오.

사리자여, 이들 법의 공상(空相)은 생긴 것도 아니고 소멸하는 것도 아니며, 더럽혀지는 것도 아니고 청정한 것도 아니며, 늘어나는 것도 아니고 줄어드는 것도 아니라오. 그러므로 공(空) 가운데는 색이 없고, 수상행식이 없다오. 안이비설신의(眼耳鼻舌身意)가 없고, 색성향미촉법(色聲香味觸法)이 없다오. 안계(眼界) 내지 의식계(意識界)가 없으며, 무명(無明)이 없고, 무명의 멸진도 없으며, 내지 노사(老死)도 없고 노사의 멸진도 없다오. 고집멸도(苦集滅道)가 없고, 깨달을 것도 없고, 얻을 것도 없다오.

얻을 것이 없기 때문에 보살은 반야바라밀다에 의지함으로써 마음에 걸림이 없으며, 걸림이 없기 때문에 두려움 없이 일체의 전도몽상(顚倒夢想)을 멀리 여의어 마침내 열반을 성취한다오. 삼세의 모든 부처님들도 반야바라밀다에 의지함으로써 아누다라삼먁삼보리를 얻는다오.

그러므로 반야바라밀다는 크게 신통한 주(呪)이며, 크게 밝은 주이며, 위없는 주이며, 비할 바 없는 주이며, 능히 일체의 괴로움을 없애며, 진실하고 허망하지 않은 것임을 알아야 한다오. 그래서 반야바라밀다주를 설하겠소.

주를 설하여 말씀하시기를

'아제 아제 바라아제 바라승아제 모지 사바하.'

觀自在菩薩 行深般若波羅蜜多時 照見五蘊皆空 度一切苦厄 舍利子 色不異空 空不異色 色卽是空 空卽是色 受想行識 亦復如是 舍利子 是諸法空相 不生不滅 不垢不淨 不增不減 是故 空中無色 無受想行識 無眼耳鼻舌身意 無色聲香味觸法 無眼界 乃至 無意識界 無無明 亦無無明盡 乃至 無老死 亦無老死盡 無苦集滅道 無智 亦無得 以無所得故 菩提薩埵 依般若波羅蜜多 故心無罣碍 無罣碍故 無有恐怖 遠離顚倒夢想 究竟涅槃 三世諸佛 依般若波羅蜜多 故得阿耨多羅三藐三菩提 故知般若波羅蜜多 是大神呪 是大明呪 是無上呪 是無等等呪 能除一切苦 眞實不虛 故說般若波羅蜜多呪 卽說呪曰

揭諦揭諦 波羅揭諦 波羅僧揭諦 菩提 娑婆訶

이 경은 우리나라에서 가장 널리 유통되는 한역본으로서 당나라의 현장(玄奘)이 서기 649년에 한역한 것이다. 구마라집의 한역과 비교하면, 이전에 언급한 구마라집이 부가한 내용 이외에는 거의 일치하며, 현존하는 범본(梵本)과 비교할 때 가감 없이 원본에 충실한 번역이다.

❖

당범번대자음반야바라밀다심경(唐梵飜對字音般若波羅蜜多心經)

관자재보살이 삼장법사 현장에게 친히 가르쳐준 범본으로서 윤색하지 않음

〔觀自在菩薩與三藏法師玄奘親敎授梵本不潤色〕

ㅣ

鉢囉(二合)(般)誐攘(二合)(若)播(波)囉(羅)弭(蜜)哆(多)紇哩(二合)那野(心)素怛囕(經) 阿哩也(二合)(聖)嚩嚕(觀)枳帝(自)濕嚩路(在)冒地(菩)娑怛侮(薩)(二) 儼鼻囕(深)鉢囉(二合)(般)誐攘(若)播(波)囉(羅)弭(蜜)哆(多)(三) 左哩焰(二合)(行)左囉(行)麼口女尾也(二合)(時)(四) 嚩嚕(引)迦(照)底娑麼(二合)(見)畔左(五) 塞建(引)駄(引)(五蘊)娑怛(引)室左(二合)(彼)娑嚩(自)婆嚩(引)(性)戍儞焰(二合)(空)跛失也(二合)底娑麼(二合)(現)伊賀(此)(七) 捨(舍)哩(利)補怛囉(子)(二合)(八) 嚕畔(色)戍儞焰(二合)(空)戍儞也(二合)(空)嚩(性)嚩(是)嚕畔(色)(九) 嚕播(色)曩(不)比口栗(二合)他(異)戍儞也(二合)哆(空)(十) 戍儞也(二合)(空)哆野(亦)(十一) 曩(引)(不)比口栗(二合)他(異)𡃤嚕(二合)畔(色)(十二) 夜(是)怒嚕(二合)畔(色)娑戍(彼)儞也(二合)哆夜(空)(十三) 戍(是)儞也(二合)哆(空)娑(彼)嚕畔(色)(十四) 曀嚩(如)弭嚩(是)(十四) 吠那曩(受)散誐攘(想)散娑迦(引)囉(行)尾誐攘(二合)喃(識)(十五) 伊賀(此)捨(舍)哩(利)補怛囉(子)(二合)(十六) 薩囉嚩(諸)達麼(法)戍儞也(二合)哆(空)落乞叉(二合)拏(相)(十七) 阿怒(不)哆播(二合)曩(生)阿寧(不)嚕駄(阿不)(十八) 阿(不)尾麼攞

(淨)(十九) 阿(不)怒曩(增)阿(不)播哩補攞拏(減)(二合)(二十) 哆(是)娑毎(故)捨(舍)哩(利)補怛囉(子)(二合)(廿一) 戍儞也(二合)(空)哆焰(中)曩(無)(上)嚕畔(色)(二十二) 曩(無)吠(引)那曩(受)(二十三) 曩(無)散誐攘(想)(二合)(二十四) 曩(無)散娑迦囉(行)(二合)(二十五) 曩(無)尾誐攘(二合)喃(識)(廿六) 曩(無)斫乞蒭(眼)戍嚕怛囉(二合)(耳)迦囉(二合)拏(鼻)祢賀(舌)嚩迦野(身)麼曩勒(意)(廿七) 曩(無)嚕畔(色)攝那(聲)彥駄(香)囉娑(味)娑播囉(二合)瑟吒尾也(觸)(二合)達麼(法)(廿八) 曩(無)斫蒭(眼)(二合)駄都(界)(廿九) 哩也(乃)(二合)嚩(至)曩(無)麼怒(意)尾誐攘誐(二合)喃(識)駄都(界)(卅) 曩(無)尾儞也(明)(卅一) 曩(無)尾儞也(明盡無)(卅二) 曩(無)尾儞也(明)乞叉喻(盡)(卅三) 曩(無)尾儞也(明)乞叉喻(盡)(卅四)

野(乃)嚩(至)噁囉(老)麼囉喃(無)(卅五) 曩(無)噁囉(老)麼囉拏(無)乞叉喻(盡)(卅六) 曩(無)耨佉(苦)娑敏那野(集)寧嚕駄(滅)麼(哩)誐穰(二合)(道)(卅七) 曩(無)誐攘喃(智)(卅八) 曩(無)鉢囉(二合)比底(得)(卅九) 曩(無)鼻娑麼(證)(四十) 哆(以)娑毎無那(所)鉢囉(二合)比府(得)(二合)怛嚩(故)(四十一) 冒(菩)地(提)娑(薩)怛嚩喃(埵)(四十二) 鉢囉(般)(二合)誐攘(若)播(波)囉弭(多)(四十三) 麼室哩底也(二合)(依)尾賀(於)囉底也(二合)(住)(四十四) 只跢(心)嚩(無)囉(罣)拏(礙)(四十五) 尾儞也(明)乞叉喻(盡)(三十三) 曩(無)尾儞也(明)乞叉喻(盡)(卅四) 野(乃)嚩(囉至曩無)噁囉(老)麼囉喃(死)(卅五) 曩(無)噁囉(老)麼囉拏(死)乞叉喻(盡)(卅六) 曩(無)耨佉(苦)娑毎那野(集)寧嚕駄(滅)麼哩誐攘(二合)(道)(卅七) 曩(無)誐攘喃(智)(卅八) 曩(無)鉢囉(二合)比底(得)(卅九) 曩(無)鼻娑麼(證)(四十) 哆(以)娑毎(無)那(所)鉢囉(二合)比底(得)(二合)怛嚩(故)(四十一) 冒(菩)地(提)娑(薩)怛嚩喃(埵)(四十二) 鉢囉(般)(二合)誐

攘(若)播(波)囉(羅)弭(蜜)哆(多)(四十三) 麼室哩底也(二合)(依)尾賀(於)囉底也(二合)(住)(四十四) 只哆(心)嚩(無)囉(罣)拏(礙)(四十五) 只跢(心)囉(罣)拏(礙)(四十六)

曩(無)悉底怛嚩(二合)(有)那(恐)怛哩(二合)素都(二合)(怖)(四十七) 尾播(顚)哩也(二合)娑(倒)底(遠)伽蘭哆(離)(四十八) 寧(究)瑟吒(竟)寧哩也嚩(二合)(涅)喃(盤)(四十九) 底哩也(三)(二合)駄嚩(二合)(世)(五十) 尾也(二合)嚩(所)悉體跢(經)娑嚩(諸)沒駄(佛)(五十一) 鉢囉(般)誐攘(二合)(若)播(波)囉(羅)弭(蜜)哆(多)(五十二) 麼室哩(故)底世(二合)(得)耨(無)跢蘭(上)糝藐世(二合)(等)糝(正)沒地(竟)(五十三) 麼鼻糝沒駄哆(引)(是)娑每(故)(二合)誐攘(二合)哆(應)尾演(知)(五十四) 鉢囉(般)誐攘(二合)(若)播(波)囉(羅)弭(蜜)哆(多)(五十五) 麼賀(引)(大)滿怛嚕(呪)(五十六) 麼賀(引)(大)尾儞也(明)(二合)滿怛囉(呪)(五十七) 阿(無)耨哆囉(上)滿怛囉(呪阿無)(五十八) 娑麼(等)娑底(等)滿 怛囉(呪)(五十九) 薩(一)嚩(切)耨佉(苦)鉢囉(二合)捨(止)曩(息卒)娑(眞)底也(實)麼弭(不)贊哩也(二合)怛嚩(虛)(二合)(六十一) 鉢囉(二合)(般)誐攘(若)播(波)囉(羅)弭(蜜)哆(多)(六十二) 目訖姤(說)滿怛囉(呪)(二合)怛儞(也)他(二合)(曰)(六十三) 誐諦 誐諦(六十四) 播囉誐諦(六十五) 播囉僧誐諦(六十六) 冒地(引) 娑嚩賀(六十七)

이 경은 20세기에 돈황(燉煌)에서 발견된 음사(音寫)한 범본(梵本)이다. 『당범번대자음반야바라밀다심경(唐梵飜對字音般若波羅蜜多心經)』이라는 경의 이름에서 알 수 있듯이, 이 경은 산스크리트어를 한자로 음사하고 각각의 음에 한역을 부가한 것이다. 여기에는 관자재보살이 현장에게 친히 가르쳐준 것이라는 기록이 있다. '관자재보살이 삼장법사 현장에게 친히 가르쳐준 범본으로서 윤색하지 않음(觀自在菩薩與三藏法師玄奘親教授梵本不潤色)'이라는 부기(附記)가 있는 것으로 보아, 현장이 한역한 『반야심경』의 원본으로 인식된 것임을 알 수 있다.

'鉢囉(二合)'는 범어 'pra'의 음사(音寫)이고, '(般)'은 음역(音譯)이다. '誐攘(二合)'는 'jñā'의 음사이고, (若)는 음역이다. '播'는 'pā'의 음사이고, '(波)'는 음역이다. '囉'는 'ra'의 음사이고, '(羅)'는 음역이다. '弭'는 'mi'의 음사이고, '(蜜)'은 음역이다. '哆'는 'tā'의 음사이고, '(多)'는 음역이다. '紇哩(二合)那野'는 'hṛdaya'의 음사이고, '(心)'은 한역(漢譯)이다. '素怛囕'은 'sūtra'의 음사이고, '(經)'은 한역(漢譯)이다. 이 경은 이런 방식으로 범어를 음사하고, 그것이 한역에서 어떻게 번역되었는지를 병기(併記)하고 있다.

반야바라밀다심경(般若波羅蜜多心經)

계빈국 삼장 반야공리언등 역(罽賓國 三藏 般若共利言等 譯)

I

이와 같이 나는 들었습니다. 한때 부처님께서는 왕사성의 기사굴산에서 많은 비구·보살의 무리와 함께 계셨습니다. 그때 불세존(佛世尊)께서 광대심심(廣大甚深)이라는 삼매에 드셨습니다.

그때 대중 가운데 관자재(觀自在)라는 이름의 보살마하살이 있었는데, 깊은 반야바라밀다를 실천할 때 오온(五蘊)이 모두 공(空)임을 비추어보고 일체의 고액을 벗어났습니다. 바로 그때 사리불이 부처님의 위력을 받아 합장 공경하고 관자재보살에게 말했습니다.

"선남자여, 깊은 반야바라밀다행을 배우고자 하는 사람은 어떻게 수행해야 합니까?"

이와 같이 묻자, 관자재보살마하살이 구수사리불(具壽舍利弗)에게 말했습니다.

"사리자여, 선남자 선여인이 깊은 반야바라밀다행을 수행할 때는 마땅히 오온(五蘊)의 자성이 공(空)임을 통찰해야 합니다. 사리자여, 색(色)은 공(空)과 다르지 않고, 공은 색과 다르지 않아서 색이 곧 공이요, 공이 곧 색입니다. 수(受)·상(想)·행(行)·식(識)도 이와 같습니다. 사리자여, 이들 법의 공상(空相)은 생긴 것도 아니고 소멸하는 것도 아니며, 더럽혀지는 것도 아니고 청정한 것도 아니며, 늘어나는 것도 아니고 줄어드는 것도 아닙니다. 그러므로 공 가운데는 색이 없고, 수상행식(受想行識)이 없습니다. 안이비설신의(眼耳鼻舌身意)가 없고, 색성향미촉법(色聲香味觸法)이 없습니다. 안계(眼界) 내지 의식계(意識界)가 없으며, 무명(無明)이 없고, 무명(無明)의 멸진도 없으며, 내지 노사(老死)도 없고 노사의 멸진도 없습니다. 고집멸도(苦集滅道)가 없고, 깨달을 것도 없고, 얻을 것도 없습니다. 얻을 것이 없기 때문에 보살은 반야바라밀다에 의지함으로써 마음에 걸림이 없으며, 걸림이 없기 때문에 두려움 없이 일체의 전도몽상(顚倒夢想)을 멀리 여의어 마침내 열반을 성취합니다. 삼세의 모든 부처님들도 반야바라밀다에 의지함으로써 아누다라삼먁삼보리를 얻습니다. 그러므로 반야바라밀다는 크게 신통한 주이며, 크게 밝은 주(呪)이며, 위없는 주이며, 비길 바 없는 주이며, 능히 일체의 괴로움을 없애며, 진실하고 허망하지 않은 것임을 알아야 합니다. 그래서 반야바라밀다주를 설하겠습니다."

주를 설하여 말씀하시기를

"아제 아제 바라아제 바라승아제 모지 사바하,

이와 같이 사리불이여, 보살마하살들은 깊은 반야바라밀다행을 수행해야 합니다."

이처럼 말씀하시자 바로 그때 세존께서 광대심심삼매에서 일어나 관자재보살마하살을 찬탄하여 말씀하셨습니다.

"훌륭합니다. 훌륭합니다. 선남자여 바로 그렇습니다. 그대의 말씀과 같이 깊은 반야바라밀다행은 마땅히 이와 같이 수행해야 합니다. 이와 같이 수행할 때 일체의 여래가 모두 따라서 기뻐합니다."

그때 세존께서 이 말씀을 하시자 구수사리불(具壽舍利弗)은 큰 기쁨에 가득 찼으며 관자재보살도 크게 기뻐했습니다. 그때 그 모임에 모인 천신, 인간, 아수라, 건달바 등은 부처님 말씀을 듣고 모두 크게 기뻐하면서 믿고 받들어 행하였습니다.

如是我聞 一時佛在王舍城耆闍崛山中 與大比丘衆及菩薩衆俱 時佛世尊即入三昧 名廣大甚深 爾時衆中有菩薩摩訶薩 名觀自在 行深般若波羅蜜多時 照見五蘊皆空 離諸苦厄 即時舍利弗承佛威力 合掌恭敬白觀自在菩薩摩訶薩言 善男子 若有欲學甚深般若波羅蜜多行者 云何修行 如是問已 爾時觀自在菩薩摩訶薩告具壽舍利弗言

舍利子 若善男子 善女人 行甚深般若波羅蜜多行時 應觀五蘊性空 舍利子 色不異空 空不異色 色即是空 空即是色 受想行識 亦復如是 舍利子 是諸法空相 不生不滅 不垢不淨 不增不減 是故空中無色 無受想行識 無眼耳鼻舌身意 無色聲香味觸法 無眼界乃至無意識界 無無明亦無無明盡 乃至無老死亦無老死盡 無苦集滅道 無智亦無得 以無所得故 菩提薩埵依般若波羅蜜多故 心無罣礙 無罣礙故 無有恐怖 遠離顚倒夢想 究竟涅槃 三世諸佛依般若波羅蜜多故 得阿耨多羅三藐三菩提 故知般若波羅蜜多 是大神呪 是大明呪 是無上呪 是無等等呪 能除一切苦 眞實不虛 故說般若波羅蜜多呪

即說呪曰 糵諦 糵諦 波羅糵諦 波羅僧糵諦 菩提 娑(蘇紇反)婆訶

如是 舍利弗 諸菩薩摩訶薩於甚深般若波羅蜜多行 應如是行 如是說已 即時 世尊從廣大甚深三摩地起 讚觀自在菩薩摩訶薩言 善哉 善哉 善男子 如是 如是 如汝所說 甚深般若波羅蜜多行 應如是行 如是行時 一切如來皆悉隨喜 爾時世尊說是語已 具壽舍利弗大喜充遍 觀自在菩薩摩訶薩亦大歡喜 時彼衆會天人阿修羅乾闥婆等 聞佛所說 皆大歡喜 信受奉行

이 경은 서기 709년에 반야(般若)와 이언(利言) 등이 함께 번역한 최초의 한역 광본(廣本)이다. 이전에는 구마라집과 현장의 약본(略本)만 있었는데, 『반야심경』이 유통되는 과정에서 보다 자세한 내용을 알고자 하는 요구에 부응하여 광본의 번역이 이루어진 것으로 생각된다.

이 광본에서는 『반야심경』이 설해진 인연을 밝히고 있다. 부처님께서 왕사성의 기사굴산(耆闍崛山)에서 여러 대중들과 함께 계시면서 광대심심삼매(廣大甚深三昧)에 들었는데, 그때 그곳에 있던 관자재보살이 깊은 반야바라밀다를 실천하여 오온이 모두 공임을 비추어보고 일체의 고액을 벗어났으며, 이때 사리불이 관자재보살에게 "깊은 반야바라밀다행을 배우고자 하는 사람은 어떻게 수행해야 하는가?"를 묻자 그 대답으로 설해진 것이 『반야심경』이라는 것이다. 이와 같이 이 경은 『반야심경』이 "반야바라밀다행을 배우고자 하는 사람은 어떻게 수행해야 하는가?"라는 실천적인 물음에 대한 답이라는 것을 보여주고 있다.

이 경을 통해서 우리는 『반야심경』이 제법개공(諸法皆空)의 이론을 이야기한 것이 아니라, 반야바라밀다행을 공부하는 사람들이 행하는 실천수행법을 이야기하고 있다는 점을 알 수 있다. 우리가 깊은 반야바라밀다행을 수행할 때는 마땅히 오온의 자성이 공임을 통찰해야 하며, 그 통찰의 결과 '색즉시공(色卽是空) 공즉시색(空卽是色)'에서 '무고집멸도(無苦集滅道) 무지역무득(無智亦無得)'까지의 내용을 스스로 깨달아야 한다는 것이다. 이 부분의 한역이 현장의 번역과 일치하는 점으로 보아 현장의 약본에 광본의 서분(序分)과 유통분(流通分)을 더한 것으로 생각된다.

❖

보변지장반야바라밀다심경(普遍智藏般若波羅蜜多心經)

마갈제국 삼장 사문 법월 중역(摩竭提國 三藏 沙門 法月 重譯)

Ⅰ

이와 같이 나는 들었습니다. 한때 부처님께서는 왕사대성의 영취산에서 10만 명이나 되는 많은 비구들과 7만7천 명의 보살마하살들과 함께 계셨습니다. 그 이름을 말하자면 관세음보살, 문수보살, 미륵보살 등이었으며 이들을 상수(上首)로 하여 모두가 삼매(三昧)와 총지(總持)를 얻어 부사의해탈(不思議解脫)에 머무는 분들이었습니다.

그때 그 대중 가운데 자리를 펴고 앉아있던 관자재보살마하살이 자리에서 일어나 세존에게 나아가서 얼굴을 향하여 합장하고 몸을 숙여 공경한 후에 존안을 우러러 부처님께 사뢰었습니다.

"세존이시여, 제가 이 모임 가운데서 모든 보살의 보변지장(普遍智藏)인 반야바라밀다의 핵심을 이야기하고자 하오니, 세존께서는 제가 보살들을 위하여 비밀스러운 법요(法要)를 펴도록 허락하여주십시오."

그때 세존께서 미묘한 범음(梵音)으로 관자재보살마하살에게 말씀하셨습니다.

"훌륭합니다. 훌륭합니다. 대비를 구족한 분이여! 그대의 청을 들어주겠으니 중생들에게 큰 광명을 지어주시기 바랍니다."

이에 관자재보살마하살은 부처님의 허락과 부처님의 당부를 받아서 혜광삼매에 들어갔습니다. 이 선정에 들어가서 삼매의 힘으로 깊은 반야바라밀다를 실천할 때 오온의 자성(自性)이 모두 공임을 보았습니다. 그는 오온의 자성이 모두 공임을 깨닫고 그 삼매에서 일어나 혜명사리불(慧命舍利弗)에게 말했습니다.

"선남자여, 보살에게는 보변지장이라고 불리는 반야바라밀다의 핵심이 있나니, 그대는 이제 새겨듣고 잘 생각해보십시오. 내가 그대를 위하여 설명해주겠습니다."

이렇게 말씀하시자, 혜명사리불이 관자재보살에게 말씀드렸습니다.

"크게 청정한 분이시여, 그것을 말씀해주시기 바랍니다. 지금이 바로 말씀하실 때입니다."

이에 사리불에게 말씀하셨습니다.

"보살마하살들은 '색성(色性)은 공이며, 공성(空性)은 색이다. 색은 공과 다르지 않고, 공은 색과 다르지 않아서, 색이 곧 공이고 공이 곧 색이다. 수상행식(受想行識)도 이와 같다. 식성(識性)은 공이며, 공성(空性)이 식(識)이다. 식은 공과 다르지 않고, 공은 식과 다르지 않아서, 식이 곧 공이고 공이 곧 식이다'라고 공부해야 합니다.

사리자여, 이들 법의 공상(空相)은 생긴 것도 아니고 소멸하는 것도 아니며, 더럽혀지는 것도 아니고 청정한 것도 아니며, 늘어나는 것도 아니고 줄어드는 것도 아닙니다. 그러므로 공(空) 가운데는 색(色)이 없고, 수상행식(受想行識)이 없습니다. 안이비설신의(眼耳鼻舌

身意)가 없고, 색성향미촉법(色聲香味觸法)이 없습니다. 안계(眼界) 내지 의식계(意識界)가 없으며, 무명(無明)이 없고, 무명(無明)의 멸진도 없으며, 내지 노사(老死)도 없고 노사(老死)의 멸진도 없습니다. 고집멸도(苦集滅道)가 없고, 깨달을 것도 없고, 얻을 것도 없습니다.

얻을 것이 없기 때문에 보살은 반야바라밀다에 의지함으로써 마음에 걸림이 없으며, 걸림이 없기 때문에 두려움이 없이 일체의 전도몽상(顚倒夢想)을 멀리 여의어 마침내 열반을 성취합니다. 삼세(三世)의 모든 부처님들도 반야바라밀다에 의지함으로써 아누다라삼먁삼보리를 얻습니다.

그러므로 반야바라밀다는 크게 신통한 주이며, 크게 밝은 주(呪)이며, 위없는 주이며, 비길 바 없는 주이며, 능히 일체의 괴로움을 없애며, 진실하고 허망하지 않은 것임을 알아야 합니다. 그래서 반야바라밀다주를 설하겠습니다."

주를 설하여 말씀하시기를

'아제 아제 바라아제 바라승아제 모지 사바하.'

부처님께서 이 경을 설하시니 여러 비구들과 보살의 무리와 일체의 세간과 천신, 인간, 아수라, 건달바 등은 부처님 말씀을 듣고 모두 크게 기뻐하면서 믿고 받들어 행하였습니다.

如是我聞 一時佛在王舍大城靈鷲山中 與大比丘衆滿百千人 菩薩摩訶薩七萬七千人俱 其名曰觀世音菩薩 文殊師利菩薩 彌勒菩薩等 以爲上首 皆得三昧總持 住不思議解脫 爾時觀自在菩薩摩訶薩在彼敷坐 於

其衆中即從座起 詣世尊所 面向合掌 曲躬恭敬 瞻仰尊顔而白佛言 世尊 我欲於此會中 說諸菩薩普遍智藏般若波羅蜜多心 唯願世尊聽我所說 爲諸菩薩宣祕法要 爾時 世尊以妙梵音告觀自在菩薩摩訶薩言 善哉善哉 具大悲者 聽汝所說 與諸衆生作大光明 於是觀自在菩薩摩訶薩蒙佛聽許 佛所護念 入於慧光三昧正受 入此定已 以三昧力行深般若波羅蜜多時 照見五蘊自性皆空 彼了知五蘊自性皆空 從彼三昧安詳而起 即告慧命舍利弗言 善男子 菩薩有般若波羅蜜多心 名普遍智藏 汝今諦聽 善思念之 吾當爲汝分別解說 作是語已 慧命舍利弗白觀自在菩薩摩訶薩言 唯大淨者 願爲說之 今正是時 於斯告舍利弗 諸菩薩摩訶薩應如是學 色性是空 空性是色 色不異空 空不異色 色即是空 空即是色 受想行識 亦復如是 識性是空 空性是識 識不異空 空不異識 識即是空 空即是識 舍利子 是諸法空相 不生不滅 不垢不淨 不增不減 是故空中無色 無受想行識 無眼耳鼻舌身意 無色聲香味觸法 無眼界乃至無意識界 無無明亦無無明盡 乃至無老死亦無老死盡 無苦 集滅道 無智亦無得 以無所得故 菩提薩埵依般若波羅蜜多故 心無罣礙 無罣礙故 無有恐怖 遠離顚倒夢想 究竟涅槃 三世諸佛依般若波羅蜜多故 得阿耨多羅三藐三菩提 故知般若波羅蜜多 是大神呪 是大明呪 是無上呪 是無等等呪 能除一切苦 眞實不虛 故說般若波羅蜜多呪

即說呪曰 揭諦 揭諦 波羅揭諦 波羅僧揭諦 菩提 莎婆訶

佛說是經已 諸比丘及菩薩衆 一切世間天人阿脩羅乾闥婆等 聞佛所說 皆大歡喜 信受奉行

『보변지장반야바라밀다심경(普遍智藏般若波羅蜜多心經)』이라는 이름으로 한역된 이 경은 서기 738년에 법월(法月)이 번역한 광본(廣本) 『반야심경』이다. 중역(重譯)이라고 기록된 것으로 보아 이전에 번역한 것을 다시 수정하여 번역한 것으로 생각된다.

이 경은 제목도 '보변지장(普遍智藏)'이라는 수식어가 붙어있을 뿐만 아니라, 서분(序分)에 해당하는 부분의 내용도 여타의 광본들과 다르다. 여타의 광본에서는 『반야심경』이 설해진 인연을 부처님께서 삼매에 드는 동안 관자재보살이 반야바라밀다행을 실천하여 오온의 공을 깨달았을 때 사리불이 설법을 청하고, 이에 대한 답변을 설한 것으로 이야기하고 있다.

그런데 이 경에서는 관자재보살이 대중들에게 모든 보살들이 보편적으로 지녀야 할 지혜의 모태(母胎)가 되는 반야바라밀다의 핵심을 설하겠다고 부처님께 자청하여 『반야심경』을 설한 것으로 되어 있다. 이것은 『반야심경』의 광본(廣本)에 여러 종류가 있었음을 시사하며, 이 경은 『반야심경』이 모든 보살이 반드시 실천해야 할 지혜의 모태(母胎)와 같은 것임을 강조하고 있다. 그 밖의 내용은 여타의 광본과 크게 다르지 않다.

반야바라밀다심경(般若波羅蜜多心經)

당상도대흥선사 삼장 사문 지혜륜 역(唐上都大興善寺 三藏 沙門 智慧輪 譯)

I

이와 같이 나는 들었습니다. 한때 박아범(薄誐梵)께서 왕사성 취봉산에서 큰 비구의 무리 및 보살의 무리와 함께 계셨습니다. 그때 세존께서 광대심심조견(廣大甚深照見)이라는 삼매에 들었습니다. 그때 대중 가운데 있던 관세음자재라는 보살은 반야바라밀다행을 수행하면서 오온의 자성이 모두 공임을 비추어보았습니다.

바로 그때 구수사리자가 부처님의 위신력을 받아 합장 공경하고 관세음자재보살마하살에게 말씀드렸습니다.

"성자여, 깊은 반야바라밀다행을 공부하고자 하는 사람은 어떻게 수행해야 합니까?"

이와 같이 묻자 관세음자재보살마하살께서 구수사리자에게 말했습니다.

"사리자여 만약에 선남자 선여인이 깊은 반야바라밀다행을 수행할 때 오온의 자성이 공임을 비추어보면 모든 괴로움에서 벗어난답니다. 사리자여, 색은 공이며 공성이므로 색을 보되 색은 공과 다르지 않고 공은 색과 다르지 않으므로 색이 곧 공이요, 공이 곧 색이라고 보아야 합니다. 수상행식(受想行識)도 이와 같습니다. 사리자여, 이들 법(法)의 성상(性相)은 공하여 생긴 것도 아니고 소멸하는 것도 아니며, 더럽혀지는 것도 아니고 청정한 것도 아니며, 늘어나는 것도 아니고 줄어드는 것도 아닙니다. 그러므로 공 가운데는 색이 없고, 수상행식이 없습니다. 안이비설신의(眼耳鼻舌身意)가 없고, 색성향미촉법(色聲香味觸法)이 없습니다. 안계(眼界) 내지 의식계(意識界)가 없으며, 무명(無明)이 없고, 무명의 멸진도 없으며, 내지 노사(老死)도 없고 노사의 멸진도 없습니다. 고집멸도(苦集滅道)가 없고, 깨달을 것도 없고, 얻을 것도 없습니다. 얻을 것이 없기 때문에 보살은 반야바라밀다에 의지하여 살아감으로써 마음에 걸림이 없으며, 걸림이 없기 때문에 두려움이 없이 일체의 전도몽상(顚倒夢想)을 멀리 여의어 마침내 열반을 성취합니다. 삼세의 모든 부처님들도 반야바라밀다에 의지함으로써 아누다라삼먁삼보리를 얻어 정각(正覺)을 성취합니다. 그러므로 반야바라밀다는 큰 진언(眞言)이며, 크게 밝은 진언이며, 위없는 진언이며, 비길 바 없는 진언이며, 능히 일체의 괴로움을 없애며, 진실하고 허망하지 않은 것임을 알아야 합니다. 그래서 반야바라밀다진언을 설하겠습니다."

진언을 설하여 말씀하시기를

"옴 아제 아제 바라아제 바라산아제 모지 사바하.

이와 같이 사리자여, 보살마하살들은 깊은 반야바라밀다행에 대하여 이와 같이 수행해야 합니다."

그때 세존께서 삼매에서 일어나 관세음자재보살마하살을 찬탄하여 말씀하셨습니다.

"훌륭합니다. 훌륭합니다. 선남자여, 바로 그렇습니다. 그대의 말씀과 같이 깊은 반야바라밀다행은 마땅히 이와 같이 수행해야 합니다. 이와 같이 수행할 때 일체의 여래가 모두 따라서 기뻐합니다."

그때 세존께서 이와 같이 말씀하시자, 구수사리자(具壽舍利子)와 관세음자재보살 그리고 그 모임에 모인 모든 세간의 천신, 인간, 아수라, 건달바 등은 부처님 말씀을 듣고 모두 크게 기뻐하면서 믿고 받들어 행하였습니다.

如是我聞 一時薄誐梵住王舍城鷲峯山中 與大苾芻衆及大菩薩衆俱 爾時 世尊入三摩地 名廣大甚深照見 時衆中有一菩薩摩訶薩 名觀世音自在 行甚深般若波羅蜜多行時 照見五蘊自性皆空 即時具壽舍利子 承佛威神 合掌恭敬 白觀世音自在菩薩摩訶薩言 聖者 若有欲學甚深般若波羅蜜多行 云何修行 如是問已 爾時 觀世音自在菩薩摩訶薩告具壽舍利子言 舍利子 若有善男子 善女人 行甚深般若波羅蜜多行時 應照見五蘊自性皆空 離諸苦厄 舍利子 色空 空性見色 色不異空 空不異色 是色即空 是空即色 受想行識亦復如是 舍利子 是諸法性相空 不生不滅 不垢不淨 不減不增 是故空中無色 無受想行識 無眼耳鼻舌身意 無色聲香味觸法 無眼界乃至無意識界 無無明亦無無明盡 乃至無老死盡 無苦集滅道 無智證 無得 以無所得 菩提薩埵依般若波羅蜜多住 心無障礙心無障礙故 無有恐怖 遠離顚倒夢想 究竟寂然 三世諸佛依般若波羅蜜多故 得阿耨多羅三藐三菩提 現成正覺 故知般若波羅蜜多 是大眞言

是大明眞言 是無上眞言 是無等等眞言 能除一切苦 眞實不虛 故說般若波羅蜜多眞言

即說眞言 唵(引) 誐帝 誐帝 播(引)囉誐帝 播(引)囉散誐帝 冒(引)地 娑縛(二合)賀(引)

如是 舍利子 諸菩薩摩訶薩 於甚深般若波羅蜜多行 應如是學

爾時 世尊從三摩地安祥而起 讚觀世音自在菩薩摩訶薩言 善哉 善哉 善男子 如是 如是 如汝所說 甚深般若波羅蜜多行 應如是行 如是行時 一切如來悉皆隨喜

爾時世尊如是說已 具壽舍利子 觀世音自在菩薩 及彼衆會一切世間天人阿蘇囉巘馱嚩等 聞佛所說 皆大歡喜 信受奉行

이 경은 당나라의 대흥선사 사문 지혜륜(智慧輪)이 번역한 광본으로서 역출된 시기는 9세기 중엽이다. 내용은 반야(般若)와 이언(利言) 등이 함께 번역한 최초의 한역(漢譯) 광본(廣本)과 대동소이하다.

❖

반야바라밀다심경〈돈황석실본〉(般若波羅蜜多心經 燉煌石室本)

국대덕 삼장법사 사문 법성 역(國大德 三藏法師 沙門 法成 譯)

1

이와 같이 나는 들었습니다. 한때 박가범(薄伽梵)께서 왕사성 취봉산에서 큰 비구의 무리 및 여러 보살마하살들과 함께 계셨습니다. 그때 세존께서 심심명료(甚深明了) 삼매법의 이문(異門)에 들었습니다. 그리고 그때 관자재보살마하살이 깊은 반야바라밀다를 수행하면서 오온을 관찰하여 체성(體性)이 공임을 비추어보았습니다. 그때 구수 사리자가 부처님의 위신력을 받아 성자 관자재보살마하살에게 말씀드렸습니다.

"성자여, 깊은 반야바라밀다를 수행하고자 하는 사람은 어떻게 수행해야 합니까?"

이와 같이 말씀드리자 관자재보살마하살께서 구수사리자에게 대답하여 말씀하셨습니다.

"만약에 선남자나 선여인이 깊은 반야바라밀다를 수행하고자 한다면 그는 마땅히 '오온의 체성은 모두 공이다. 색이 곧 공이고 공이 곧 색이며, 색은 공과 다르지 않고, 공은 색과 다르지 않다. 이와 같이 수상행식(受想行識)도 역시 모두가 공이다'라고 관찰해야 합니다.

그러므로 사리자여, 일체법의 공성(空性)은 무상(無相)이며 생긴 것도 아니고 소멸하는 것도 아니며, 더러움이 없이 더러움을 떠났으며, 줄어드는 것도 아니고 늘어나는 것도 아닙니다. 사리자여, 그러므로 이때 공성(空性) 가운데는 색이 없고, 수가 없고, 상이 없고, 행이 없으며 식도 없습니다. 안(眼)이 없고, 이(耳)가 없고, 비(鼻)가 없고, 설(舌)이 없고, 신(身)이 없고, 의(意)가 없으며, 색(色)이 없고, 성(聲)이 없고, 향(香)이 없고, 미(味)가 없고, 촉(觸)이 없고, 법(法)이 없습니다. 안계(眼界)가 없고, 내지 의식계가 없으며, 무명(無明)도 없고, 무명의 멸진(滅盡)도 없으며, 내지 노사(老死)도 없고 노사의 멸진도 없습니다. 고집멸도(苦集滅道)도 없고, 깨달을 것도 없고 얻을 것도 없고 얻지 못할 것도 없습니다. 그러므로 사리자여, 얻을 것이 없기 때문에 여러 보살의 무리들은 반야바라밀다에 의지함으로써 마음에 장애가 없으며 두려움이 없이 전도(顚倒)를 뛰어넘어 마침내 열반을 성취하며, 삼세의 모든 부처님들도 반야바라밀다에 의지하기 때문에 무상정등보리(無上正等菩提)를 증득합니다. 사리자여, 그러므로 마땅히 알아야합니다. 반야바라밀다는 큰 비밀주문이며, 크게 밝은 주문이며, 무상의 주문이며, 비길 바 없는 주문이며, 일체의 괴로움을 없애는 주문이며, 진실이며, 뒤집힘이 없습니다. 반야바라밀다는 비밀주(祕密咒)라는 것을 알아야 합니다."

반야바라밀다주를 설하여 말씀하시기를

"아제 아제 바라아제 바라승아제 모지 사하.

사리자여, 보살마하살은 이와 같이 깊은 반야바라밀다를 수학(修

學)해야 합니다."

그때 세존께서 그 선정에서 일어나 성자 관자재보살마하살에게 말씀하셨습니다.

"훌륭합니다. 훌륭합니다. 선남자여, 바로 그렇습니다. 그대의 말씀과 같이 깊은 반야바라밀다행은 마땅히 이와 같이 수행해야 하며, 일체의 여래도 따라서 기뻐할 것입니다."

그때 박가범(薄伽梵)께서 이와 같이 말씀하시자, 구수사리자(具壽舍利子)와 성자 관자재보살 그리고 모든 세간의 천신, 인간, 아수라, 건달바 등은 부처님 말씀을 듣고 모두 크게 기뻐하면서 믿고 받들어 행하였습니다.

如是我聞 一時薄伽梵住王舍城鷲峯山中 與大苾芻衆及諸菩薩摩訶薩俱 爾時 世尊等入甚深明了三摩地法之異門 復於爾時 觀自在菩薩摩訶薩行深般若波羅蜜多時 觀察照見五蘊體性悉皆是空 時 具壽舍利子 承佛威力 白聖者觀自在菩薩摩訶薩曰 若善男子欲修行甚深般若波羅蜜多者 復當云何修學 作是語已 觀自在菩薩摩訶薩答具壽舍利子言 若善男子及善女人 欲修行甚深般若波羅蜜多者 彼應如是觀察 五蘊體性皆空 色即是空 空即是色 色不異空 空不異色 如是 受想行識亦復皆空 是故舍利子 一切法空性無相 無生無滅 無垢離垢 無減無增 舍利子 是故爾時空性之中 無色 無受 無想 無行亦無有識 無眼 無耳 無鼻 無舌 無身 無意 無色 無聲 無香 無味 無觸 無法 無眼界乃至無意識界 無無明亦無無明盡 乃至無老死亦無老死盡 無苦集滅道 無智 無得 亦無不得

是故舍利子 以無所得故 諸菩薩衆依止般若波羅蜜多 心無障礙 無有恐怖 超過顚倒 究竟涅槃 三世一切諸佛亦皆依般若波羅蜜多故 證得無上正等菩提 舍利子 是故當知般若波羅蜜多大蜜咒者 是大明咒 是無上咒 是無等等咒 能除一切諸苦之咒 眞實無倒 知般若波羅蜜多是祕密咒

即說般若波羅蜜多咒曰 峩帝 峩帝 波囉峩帝 波囉僧峩帝 菩提 莎訶

舍利子 菩薩摩訶薩應如是修學甚深般若波羅蜜多

爾時 世尊從彼定起 告聖者觀自在菩薩摩訶薩曰 善哉 善哉 善男子 如是 如是 如汝所說 彼當如是修學般若波羅蜜多 一切如來亦當隨喜

時薄伽梵說是語已 具壽舍利子 聖者觀自在菩薩摩訶薩 一切世間天人阿蘇羅乾闥婆等 聞佛所說 皆大歡喜 信受奉行

국대덕 삼장법사 사문 법성(法成) 역으로 전해지는 이 경은 돈황석실(燉煌石室)에서 발견된 것으로 역출된 시기는 명확하지 않다. 내용은 여타의 광본과 크게 다르지 않다.

불설성불모반야바라밀다경(佛說聖佛母般若波羅蜜多經)

서천 역경삼장 조봉대부 시광록경 전법대사 사자신 시호 봉 조역
(西天 譯經三藏 朝奉大夫 試光祿卿 傳法大師 賜紫臣 施護 奉 詔譯)

이와 같이 나는 들었습니다. 한때 세존께서 왕사성 취봉산에서 큰 비구의 무리 1,250인과 함께 계셨으며, 아울러 여러 보살마하살의 무리가 함께 위요(圍遶)하였습니다.

그때 세존께서 심심광명선설정법삼매에 드셨습니다. 바로 그때 관자재보살마하살이 부처님의 모임 가운데 있었는데, 이 보살마하살은 이미 깊은 반야바라밀다를 수행하여 오온의 자성이 모두 공임을 관찰하여 보았습니다.

그때 존자 사리자가 부처님의 위신력을 받아 관자재보살마하살의 앞에 가서 말했습니다.

"만약에 선남자 선여인이 이 깊은 반야바라밀다 법문을 기꺼이 수학(修學)하고자 한다면 어떻게 공부해야 합니까?"

그때 관자재보살마하살이 존자 사리자에게 말했습니다.

"그대는 이제 잘 들어보십시오. 그대를 위하여 이야기하겠습니다. 만약에 선남자 선여인이 이 깊은 반야바라밀다 법문을 기꺼이

수학(修學)하고자 한다면 마땅히 오온의 자성이 모두 공임을 관찰해야 합니다. 어떻게 하는 것이 오온의 자성이 공임을 관찰하는 것인가? 색은 공이며, 공이 곧 색입니다. 색은 공과 다름이 없고, 공은 색과 다름이 없습니다. 수상행식(受想行識)도 이와 같습니다.

사리자여, 이 모든 법의 이와 같은 공상(空相)은 생긴 바도 없고 소멸한 바도 없으며, 더러움에 물든 것도 없고, 청정한 것도 없으며, 늘어남도 없고 줄어듦도 없습니다. 사리자여, 그러므로 공 가운데는 색이 없고, 수상행식이 없으며, 안이비설신의(眼耳鼻舌身意)가 없고, 색성향미촉법(色聲香味觸法)이 없습니다. 안계(眼界) 내지 의식계(意識界)가 없으며, 무명(無明)이 없고, 무명의 멸진도 없으며, 내지 노사(老死)도 없고 노사의 멸진도 없습니다. 고집멸도(苦集滅道)가 없고, 깨달을 것도 없고, 얻을 것도 없습니다. 얻을 것이 없기 때문에 보살은 반야바라밀다에 상응하는 행에 의지함으로써 마음이 집착할 것이 없고 걸림도 없으며, 걸림이 없기 때문에 두려움 없이 일체의 전도몽상(顚倒夢想)을 멀리 여의어 마침내 열반을 성취합니다. 삼세의 모든 부처님들도 이 반야바라밀다에 의지함으로써 아누다라삼먁삼보리를 얻습니다. 그러므로 반야바라밀다는 광대(廣大)한 명(明)이며, 위없는 명이며, 비길 바 없는 명이며, 능히 일체의 고뇌(苦惱)를 없애며, 이것이 바로 진실하고 허망하지 않은 '법(法)'이라는 것을 알아야 합니다. 수학(修學)하는 사람들은 마땅히 이렇게 공부해야 합니다. 내가 이제 반야바라밀다 대명(大明)을 설하겠습니다.

'아제 아제 바라아제 바라승아제 모지 사바하.'

사리자여, 보살마하살들이 만약 이 반야바라밀다 명구(明句)를 외우면 이것이 바로 깊은 반야바라밀다를 수학하는 것입니다."

如是我聞 一時 世尊在王舍城鷲峯山中 與大苾芻衆千二百五十人俱 并諸菩薩摩訶薩衆而共圍繞 爾時 世尊即入甚深光明宣說正法三摩地 時觀自在菩薩摩訶薩 在佛會中 而此菩薩摩訶薩已能修行甚深般若波羅蜜多 觀見五蘊自性皆空 爾時 尊者舍利子承佛威神 前白觀自在菩薩摩訶薩言 若善男子 善女人 於此甚深般若波羅蜜多法門 樂欲修學者 當云何學時 觀自在菩薩摩訶薩告尊者舍利子言 汝今諦聽 爲汝宣說 若善男子 善女人 樂欲修學此甚深般若波羅蜜多法門者 當觀五蘊自性皆空 何名五蘊自性空耶 所謂即色是空 即空是色 色無異於空 空無異於色 受想行識 亦復如是 舍利子 此一切法如是空相 無所生無所滅 無垢染無清淨 無增長無損減 舍利子 是故 空中無色 無受想行識 無眼耳鼻舌身意 無色聲香味觸法 無眼界 無眼識界乃至無意界 無意識界 無無明無無明盡 乃至無老死 亦無老死盡 無苦集滅道 無智 無所得 亦無無得 舍利子 由是無得故 菩薩摩訶薩依般若波羅蜜多相應行故 心無所著 亦無罣礙 以無著無礙故 無有恐怖 遠離一切顛倒妄想 究竟圓寂 所有三世諸佛依此般若波羅蜜多故 得阿耨多羅三藐三菩提 是故 應知般若波羅蜜多是廣大明 是無上明 是無等等明 而能息除一切苦惱 是即眞實無虛妄法 諸修學者當如是學 我今宣說般若波羅蜜多大明曰

怛(寧也)(切身)他(引)(一句) 唵(引) 誐帝(引) 誐帝(引引)(二) 播(引)囉誐帝(引)(三) 播(引)囉僧誐帝(引)(四) 冒提莎(引)賀(引)(五)

舍利子 諸菩薩摩訶薩 若能誦是般若波羅蜜多明句 是即修學甚深般若波羅蜜多

이 경은 10세기 말엽에 시호(施護) 삼장이 번역한 광본이다. 이 경은 제목에 '성불모(聖佛母)'라는 수식어가 붙어있어 『반야심경』이 부처님의 어머니(佛母)로 인식되었음을 보여준다. 여타의 광본과 비교할 때, 이 경의 특징은 유통분(流通分)이 생략되고, 그 대신에 "보살마하살들이 만약 이 반야바라밀다 명구(明句)를 외우면 이것이 바로 깊은 반야바라밀다를 수학하는 것이다"라고 끝맺고 있다. 이것은 『반야심경』이 밀교의 진언(眞言)과 같은 의미로 이해되고 있었음을 보여준다.

3

부처님의 어머니 佛母 『반야심경』

『반야심경』은 불모(佛母)로 칭해지는
자비의 화신인 관세음보살이
지혜를 의미하는 반야바라밀다를
설하는 경이다.
이를 통해 자비원력을 가지고 세간을
지혜롭게 통찰하는 보살도의 실천이
곧 성불(成佛)의 요체(要諦)임을 알려준다.
『반야심경』 속에는 일체중생이
불성(佛性)을 가지고 있으며,
누구나 관세음보살과 같은 자비원력을
일으켜 지혜로 통찰하면 본래 생사(生死)가
없음을 깨닫게 된다고 이야기하고 있다.

❖

불모(佛母) 관세음보살 〈자비(慈悲)〉

|

관자재보살(觀自在菩薩)은 'avalokiteśvara[60] bodhisattva'의 한역(漢譯)이다. 범어 'avalokiteśvara'를 분석하면 'avalokita'는 '굽어보는, 아래를 내려다보는'이라는 뜻이고, 'īśvara'는 '자재천신(自在天神)'을 의미하므로 'avalokiteśvara'는 '굽어살피는 자재천신'이라는 뜻이다. 'īśvara'는 힌두교에서 최고신인 시바에게 붙이는 호칭이다. 따라서 관자재보살은 힌두교의 시바 신을 불교신앙으로 끌어들인 것이라고 할 수 있다. 초기의 한역자들은 'avalokiteśvara'를 '관세음(觀世音)'이나 '광세음(光世音)'으로 번역하였는데, 그들은 'avalokiteśvara' 가운데 '음(音)'을 의미하는 'svara'나 '광(光)'을 의미하는 'ruc'가 포함되어 있다고 생각한 것 같다. 7세기에 이르러 현장삼장(玄奘三藏)이 'avalokiteśvara'를 '관자재(觀自在)'라고 번역했다.

『반야심경』은 관자재보살(觀自在菩薩)이 설한 법문이다. 이 경을 만든 대승불교운동가들은 왜 『반야심경』을 설하는 인물을 관자재보살, 다시 말해서 관세음보살로 설정했을까? 관세음보살은 불모(佛母),

---

60 avalokita와 īśvara의 복합어. a와 ī가 결합하면 발음이 e로 변한다.

즉 부처님의 어머니로 불린다. 『천수경(千手經)』을 보면, '칠구지불모대준제보살(七俱胝佛母大准提菩薩)'이라는 명칭이 나온다. 준제보살(准提菩薩)은 관세음보살의 다른 이름이고, 칠구지(七俱胝)는 700억이라는 숫자이다. 따라서 '칠구지불모대준제보살'이란 '700억 부처님의 어머니이신 관세음보살'이라는 뜻이다.

그렇다면 왜 관세음보살을 부처님의 어머니라고 하는가? 관세음보살의 전생담은 왜 관세음보살을 불모(佛母)라고 하는지를 잘 보여준다.

> 아득한 옛날에 인도의 남쪽에 있는 조그마한 나라에 장나(長那)라고 하는 부자가 행복하게 살고 있었다. 그러나 결혼한 지 여러 해가 지나도록 자식이 없었다. 그래서 그의 부인은 제단을 차려 놓고 아들을 점지해 달라고 간절하게 기도하였다. 간절한 기도가 통하여 곧 태기가 있더니 옥동자를 낳았고, 그 뒤 세 해가 지나 또 다른 아들을 얻게 되었다.
>
> 장나는 기쁨을 이기지 못하여 큰 잔치를 베풀어 이웃 사람들을 대접하였다. 그리고 예언가를 청하여 두 아들의 장래 운명을 말해 달라고 부탁하였다. 예언가가 고개를 갸웃거리며 말하였다.
>
> "두 형제는 용모는 단정하고 고우나 부모와의 인연이 박하여 일찍 부모를 여윌 운명을 타고났습니다."
>
> 그런 까닭으로 형은 조리(早離), 동생은 속리(速離)라고 이름을 지었다. 모두가 부모와 일찍 헤어진다는 뜻이다.

형이 열 살, 동생이 일곱 살이 되던 해에 어머니가 갑자기 병이 들었다. 백방으로 약을 써도 병세는 나날이 악화되어 가기만 했다. 어머니는 두 아들을 불러 놓고 눈물을 흘리며 말했다.

"내 병은 아무래도 나을 것 같지 않다. 사람은 누구나 한번 태어나면 죽을 수밖에 없지만 어린 너희 형제를 남겨 놓고 떠날 것을 생각하니 가슴이 몹시 아프구나. 내가 죽더라도 너희는 서로 도우며 착하게 살아야 한다."

이 말을 남기고 어머니는 숨을 거두었다. 두 아들은 싸늘해진 어머니의 시신을 붙들고 통곡하였다. 장나는 마을 사람들의 도움으로 장례를 후하게 치르고, 두 아들을 이전보다 더욱 극진히 사랑하며 몇 해를 보냈다. 그러다 여러 사람들의 권유에 못 이겨 새 부인을 맞아들였다.

새 부인은 죽은 부인과 모습이 비슷하여 두 아들도 마치 죽은 어머니가 다시 살아온 것처럼 기뻐하였다. 그 부인도 아이들을 불쌍히 여겨 퍽 귀여워하며 사랑하였다. 그런데 그 이듬해에 흉년이 크게 들어 곡식을 하나도 수확할 수가 없었다. 장나는 집안일을 부인에게 맡기고 식량과 맞바꿀 보물을 가지고 이웃 나라로 떠났다.

혼자 남게 된 부인은 이런 생각이 들었다. '만일 남편이 돌아오지 않는다면 저 아이들을 장차 어떻게 키울 것인가. 또 앞으로 내가 자식을 낳게 되면 남편이 저 아이들에게 먼저 재산과 가문을 상속해 줄 것이 아닌가. 그러니 두 아이는 큰 장애가 될 것이다.' 새 부인은 뱃사공을 매수하여 두 아이들을 멀리 갖다버리도록 시켰다.

낯선 무인도에 버려진 형제는 아무런 영문도 모른 채 좁은 섬 안을 이리저리 미친 듯이 뛰어다니며 부모를 찾았다. 그러나 섬에는 사람의 그림자 하나도 보이지 않았다. 형제는 목이 터지도록 어머니와 아버지를, 또 자신들을 데려다준 뱃사공을 불러 보았지만 들리는 것은 바람 소리, 파도 소리뿐이었다.

조리와 속리 형제는 마침내 피로가 겹치고 굶주려 무인도에서 숨을 거둘 지경에 이르렀다. 죽음에 가까이 이르러서 아우인 속리가 남에게 속아서 비참하게 죽게 된 처지를 한탄하였다. 그 말을 듣고, 형 조리가 아우를 타이르며 말했다.

"우리가 부유한 집에 태어나 어려움과 괴로움을 모르고 살았는데, 무인도에 버려져서 배고픔과 온갖 고통을 겪고 보니, 이 세상에는 많은 괴로움이 있음을 알겠구나. 우리가 다음 세상에 태어날 때는 이 고통의 체험을 인연으로 삼아서 우리처럼 의지할 바 없이 외롭고 고통스러운 사람을 구원해 줄 생각을 하자. 다른 사람을 위로해 주는 것이 곧 우리가 위로받는 길이 아니겠느냐?"

이 말을 듣자 비로소 아우는 얼굴이 밝아졌다.

형과 아우는 하늘을 우러러보며 크고 거룩한 서원을 세웠다.

"우리는 비록 여기서 죽더라도 다음 생에서는 성현이 되고 보살이 되어 우리와 같이 불쌍한 사람들을 구원해 주겠습니다. 또 빈곤하고 병으로 고통받는 세상의 많은 사람들을 위하여 그들에게 먹을 것과 입을 것을 주고 온갖 병을 고쳐 주겠습니다."

형제는 이렇게 하여 모두 서른두 가지의 서원을 세우고 숨을 거두었다.

아버지 장나가 집에 돌아와 보니 아들들이 보이지 않았다. 부인에게 물어도, 놀러 나가서 돌아오지 않는다고만 할 뿐, 알지 못한다고 하였다. 백방으로 애타게 아들들을 찾는 장나에게 뱃사공이 아이들을 데리고 가는 것을 본 이웃집에 사는 노인이 그 사실을 알려주었다. 장나가 뱃사공을 취조하니 아이들을 버린 섬을 알려주었다. 장나가 급히 가서 보니 이미 두 아들은 죽고, 그들이 남긴 발원문만 남아있었다. 비통함을 이기지 못하고 통곡하던 장나는 아들이 남긴 발원문을 보고 감동하여 '원컨대 나도 악한 중생을 모두 제도하고 조속히 불도를 성취하겠다'는 생각을 일으켜 그 자리에서 500가지 큰 원을 세웠다.

그 섬의 이름은 보타락가이며 형은 관세음보살이 되고 아우는 대세지보살이 되었다. 그리고 500대원을 세운 장나는 뒤에 석가모니불이 되었다.

관세음보살의 자비원력이 석가모니부처님의 500대원을 낳았다는 것을 이야기하는 이 설화는 관세음보살의 자비원력(慈悲願力)이 모든 부처님을 낳는 어머니와 같다는 것을 잘 보여준다. 관세음보살을 불모(佛母)라고 하는 것은 이와 같은 이유 때문이다.

❖

불모(佛母) 반야바라밀다(般若波羅蜜多) 〈지혜(智慧)〉

|

한편으로 반야부경전에서는 반야바라밀다(般若波羅蜜多)를 불모(佛母)라고 부른다. 현장이 번역한 『대반야바라밀다경(大般若波羅蜜多經)』의 「불모품(佛母品)」을 살펴보자.

부처님께서 선현(善現)에게 말씀하시었습니다.

"비유하면, 여인이 아들들을 낳으면, 다섯이건 열이건, 백이건 천이건, 그 어머니가 병이 들면 저마다 약을 구해 치료하면서, '어떻게 하면 우리 어머니가 무병장수(無病長壽)하고 오랫동안 편히 몸에는 괴로움이 없고, 마음에는 근심 걱정 없이 지낼 수 있을까?'라고 생각하여 아들들이 저마다 방편을 지어 안락한 살림살이를 구하여 어머니의 몸을 보호하고 받들어 공경하면서, "우리 어머니가 자비(慈悲)로 우리를 낳아 기르고 여러 가지 세상살이를 가르쳤으니 어찌 우리가 어머니의 은혜에 보답하지 않을 것인가?"라고 말하듯이, 선현이여, 이와 마찬가지로 여래(如來) 응정등각(應正等覺)은 불안(佛眼)으로 항상 깊고 심오한 반야바라밀다를 마음에 두고 살펴보나니, 그 까닭은, 선현이여, 깊고 심오한 반야바라밀다는 우리들의 모든 불법

(佛法)을 낳아 세간의 제법실상(諸法實相)을 보여주기 때문이라오.

시방세계에 일체의 여래 응정등각이 나타나서 설법하는 것도 역시 불안(佛眼)으로 항상 깊고 심오한 반야바라밀다를 마음에 두고 살펴보기 때문이니, 그 까닭은 선현이여, 깊고 심오한 반야바라밀다는 부처님들의 모든 공덕을 낳아 세간의 제법실상(諸法實相)을 보여주기 때문이라오. 이런 인연으로 말미암아 우리 부처님들은 불안(佛眼)으로 항상 깊고 심오한 반야바라밀다를 마음에 두고 살펴보면서 그 은혜에 보답하려는 생각을 잠시도 버리지 않는다오. 왜냐하면 선현이여, 일체의 여래 응정등각의 반야(般若), 정려(靜慮), 정진(精進), 안인(安忍), 정계(淨戒), 보시(布施) 바라밀다(波羅蜜多)[61]가 모두 이와 같은 깊고 심오한 반야바라밀다로 말미암아 생기기 때문이라오. … 일체의 여래 응등정각의 무상정등보리(無上正等菩)가 모두 이와 같은 깊고 심오한 반야바라밀다로 말미암아 생기기 때문이라오.

〈중략〉

선현이여, 이와 같은 한량없고 끝없는 부처님들의 공덕이 모두 깊고 심오한 반야바라밀다로 말미암아 생기나니, 이와 같은 제불의 공덕을 얻기 때문에 부처라고 불리며, 깊고 심오한 반야바라밀다가 이와 같은 제불공덕을 낳기 때문에 이로 말미암아 부처들을 낳는다고 말하고, 또 모든 부처들이 깊고 심오한 반야바라밀다에서 생긴다고 말한다오.

---

61 6바라밀을 의미한다.

선현이여, 깊고 심오한 반야바라밀다가 세간의 제법실상을 보여준다는 것은 세간의 오온(五蘊)의 실상을 보여주는 것을 말하는 것이라오."

"세존이시여, 부처님들의 깊고 심오한 반야바라밀다는 어떻게 세간의 오온(五蘊)의 실상을 설하고 보여줍니까?"

"선현이여, 부처님들의 반야바라밀다는 오온이 성괴(成壞)가 있다고 설하지 않고, 생멸(生滅)이 있다고 설하지 않고, 염정(染淨)이 있다고 설하지 않고, 증감(增減)이 있다고 설하지 않고, 입출(入出)이 있다고 설하지 않는다오. 오온(五蘊)이 과거, 미래 현재가 있다고 설하지 않고, 선(善), 불선(不善), 무기(無記)가 있다고 설하지 않고, 욕계(欲界), 색계(色界), 무색계(無色界)에 묶여있다고 설하지 않나니, 그 까닭은 선현이여, 모든 공법(空法)은 성괴가 있지 않으며, 무상법(無相法)은 성괴가 있지 않으며, 무원법(無願法)은 성괴가 있지 않으며, 무작법(無作法)은 성괴가 있지 않으며, 무생멸법(無生滅法)은 성괴가 있지 않으며, 무체성법(無體性法)은 성괴가 있지 않기 때문이라오. 선현이여, 부처님들의 반야바라밀다는 이와 같이 오온의 실상을 설하여 보여주나니, 이 오온의 모습이 곧 세간이며, 따라서 세간 역시 성괴, 생멸(生滅) 등의 모습이 없다오.

다음으로, 선현이여, 일체의 여래 응정등각은 모두 반야바라밀다에 의지하여 여러 유정류(有情類)의 한량없고, 셀 수 없는 심행(心行)의 차별을 체험하여 안다오. 그렇지만 이 반야바라밀다의 깊고 심오한 이치 가운데는 유정(有情)이 없고, 유정이라고 부를 수 있는 것도 없고, 색수상행식(色受想行識)도 없고, 색수상행식이라고 부를 수 있는 것[五蘊]도 없으며, 안·이·비·설·신·의처(眼耳鼻舌身意處)도 없고, 안·이·비·설·신·의처라고 부를 수 있는 것도 없고, 색·성·향·미·촉·법처(色聲香味觸法處)도 없고 색·성·향·미·촉· 법처라고 부를 수 있는 것[十二入處]도 없으며, 안계(眼界)도 없고 안계라고 부를 수 있는 것도 없고 색계(色界), 안식계(眼識界) 및 안촉(眼觸)과 안촉이 조건이 되어 생기는 수(受)들도 없고, 색계 내지 안촉이 조건이 되어 생기는 수(受)라고 부를 수 있는 것들도 없고 이·비·설·신·의계(耳鼻舌身意界)도 없고 이·비·설·신·의계라고 부를 수 있는 것도 없고, 성·향·미·촉·법계(聲香味觸法界) 이·비·설·신·의식계(耳鼻舌身意識界) 및 이·비·설·신·의촉(耳鼻舌身意觸)과 이·비·설·신·의촉이 조건이 되어 생기는 수(受)들도 없고, 성·향·미·촉·법계[十八界] 내지 이·비·설·신·의촉이 조건이 되어 생기는 수(受)라고 부를 수 있는 것들도 없으며, 지계(地界)도 없고, 지계라고 부를 수 있는 것도 없고, 수·화·풍·공·식계(水火風空識界)도 없고, 수·화·풍·공·식계라고 부를 수 있는 것[六界]도 없으며, 무명(無明)도 없고 무명이라고 부를 수 있는 것도 없고 행·식·명색·육입·촉·수·애·취·유·생·노사의 슬픔·탄식·괴로움·근심·걱정[行識名色六處觸受愛取有生老死愁歎苦憂惱]이 없고, 행(行) 내지 노사(老死)의 슬픔·탄식·괴로움·근심·걱정이라고 부를 수 있는 것[十二緣起]도 없다오.

〈중략〉

이와 같은 반야바라밀다의 심오한 이치 가운데서는 고성제(苦聖

諦)를 나타내 보이지 않으며, 집·멸·도성제(集滅道聖諦)를 나타내 보이지 않는다오. 왜일까요? 선현이여, 이와 같은 반야바라밀다의 심오한 이치 가운데는 깊고 심오한 반야바라밀다도 있지 않아서 얻을 수가 없거늘, 하물며 나타내 보여줄 수 있는 고성제(苦聖諦)와 집·멸·도성제(集滅道聖諦)가 있겠소?

佛言善現 譬如女人生育諸子 若五若十二十三十四十五十 或百或千 其母得病諸子各各勤求醫療 作是念言 云何我母當得無病 長壽安樂 身無眾苦心離愁憂 諸子爾時各作方便 求安樂具覆護母身 勿爲蚊虻蛇蝎寒熱飢渴等觸之所侵惱 又以種種上妙樂具 恭敬供養而作是言 我母慈悲生育我等 教示種種世間事務我等豈得不報母恩 善現 如來應正等覺亦復如是 常以佛眼觀視護念甚深般若波羅蜜多 何以故 善現 甚深般若波羅蜜多 能生我等一切佛法 能示世間諸法實相 十方世界一切如來應正等覺現說法者 亦以佛眼常觀護念甚深般若波羅蜜多 何以故 善現 甚深般若波羅蜜多 能生諸佛一切功德 能示世間諸法實相 由此因緣我等諸佛 常以佛眼觀視護念甚深般若波羅蜜多 爲報彼恩不應暫捨 何以故 善現 一切如來應正等覺 般若靜慮精進安忍淨戒布施波羅蜜多 皆由如是甚深般若波羅蜜多而得生故 … 一切如來應正等覺諸佛無上正等菩提皆由如是甚深般若波羅蜜多而得生故

〈중략〉

善現 如是等無量無邊諸佛功德 皆從甚深般若波羅蜜多生 由得如是諸佛功德故名爲佛 甚深般若波羅蜜多能生如是諸佛功德 由此故說能生

諸佛 亦說諸佛從甚深般若波羅蜜多生 善現 甚深般若波羅蜜多能示世間諸法實相者 謂能示世間五蘊實相 一切如來應正等覺亦說世間五蘊實相 世尊 云何諸佛甚深般若波羅蜜多說示世間五蘊實相 善現 諸佛般若波羅蜜多 俱不說示五蘊有成有壞有生有滅有染有淨有增有減有入有出 俱不說示五蘊有過去有未來有現在有善有不善有無記有欲界繫有色界繫有無色界繫 所以者何 善現 非諸空法有成有壞 非無相法有成有壞 非無願法有成有壞 非無作法有成有壞 非無生滅法有成有壞 非無體性法有成有壞 善現 諸佛般若波羅蜜多如是說示五蘊實相 此五蘊相即是世間 是故世間亦無成壞生滅等相

復次善現 一切如來應正等覺 皆依般若波羅蜜多 普能證知諸有情類無量無數心行差別 然此般若波羅蜜多甚深理中 無有情 無有情施設可得 無色無色施設可得 無受想行識 無受想行識施設可得 無眼處無眼處施設可得 無耳鼻舌身意處 無耳鼻舌身意處施設可得 無色處無色處施設可得 無聲香味觸法處 無聲香味觸法處施設可得 無眼界無眼界施設可得 無色界眼識界及眼觸眼觸爲緣所生諸受 無色界乃至眼觸爲緣所生諸受施設可得 無耳界無耳界施設可得 無聲界耳識界及耳觸耳觸爲緣所生諸受 無聲界乃至耳觸爲緣所生諸受施設可得 無鼻界無鼻界施設可得 無香界鼻識界及鼻觸鼻觸爲緣所生諸受 無香界乃至鼻觸爲緣所生諸受施設可得 無舌界無舌界施設可得 無味界舌識界及舌觸舌觸爲緣所生諸受 無味界乃至舌觸爲緣所生諸受施設可得 無身界無身界施設可得 無觸界身識界及身觸身觸爲緣所生諸受 無觸界乃至身觸爲緣所生諸受施設可得 無意界無意界施設可得 無法界意識界及意觸意觸

爲緣所生諸受 無法界乃至意觸爲緣所生諸受施設可得 無地界無地界施設可得 無水火風空識界 無水火風空識界施設可得無無明無無明施設可得 無行識名色六處觸受愛取有生老死愁歎苦憂惱 無行乃至老死愁歎苦憂惱施設可得

〈중략〉

如是般若波羅蜜多甚深理中 不示現苦聖諦 不示現集滅道聖諦 何以故善現 如是般若波羅蜜多甚深理中 甚深般若波羅蜜多尙無所有不可得況有苦聖諦集滅道聖諦可得示現

이상은 『대반야바라밀다경(大般若波羅蜜多經)』의 불모품(佛母品) 가운데서 『반야심경』의 내용과 관련된 부분을 발췌한 것이다. 반야바라밀다가 부처님을 낳고 기르는 어머니와 같다는 것을 설하고 있는 것이 불모품인데, 이것을 『반야심경』과 대조해보면 『반야심경』은 불모품을 요약 정리한 것임을 알 수 있다.

여래(如來) 응정등각(應正等覺)은 불안(佛眼)으로 항상 깊고 심오한 반야바라밀다를 마음에 두고 살펴본다.

이 부분은 『반야심경』의 '관자재보살이 깊은 반야바라밀다를 실천할 때(觀自在菩薩行深般若波羅蜜多時)'에 상응한다.

깊고 심오한 반야바라밀다는 우리들의 모든 불법(佛法)을 낳아 세간의 제법실상(諸法實相)을 보여준다. 깊고 심오한 반야바라밀다는 부처님들의 모든 공덕을 낳아 세간의 제법실상을 보여준다.

이 부분은 『반야심경』의 '오온(五蘊)을 관찰하여 자기존재성〔自性〕이 공(空)임을 보았다〔照見五蘊皆空度一切苦厄〕'에 상응한다. 오온은 세간의 제법을 의미한다. 그리고 오온의 자성이 공임을 보았다는 것은 오온의 실상을 보았다는 것을 의미한다. 그러므로 이것은 세간의 제법실상을 보았다는 말이다.

부처님들의 반야바라밀다는 오온이 성괴(成壞)가 있다고 설하지 않고, 생멸(生滅)이 있다고 설하지 않고, 염정(染淨)이 있다고 설하지 않고, 증감(增減)이 있다고 설하지 않고, 입출(入出)이 있다고 설하지 않는다. 모든 공법(空法)은 성괴가 있지 않으며, 무상법(無相法)은 성괴가 있지 않으며, 무원법(無願法)은 성괴가 있지 않으며, 무작법(無作法)은 성괴가 있지 않으며, 무생멸법(無生滅法)은 성괴가 있지 않으며, 무체성법(無體性法)은 성괴가 있지 않다.

부처님들의 반야바라밀다는 이와 같이 오온의 실상을 설하여 보여주나니, 이 오온의 모습이 곧 세간이며, 따라서 세간 역시 성괴, 생멸(生滅) 등의 모습이 없다.

이 부분은 『반야심경』의 '색은 공과 다르지 않고, 공은 색과 다르지 않다. 색이 곧 공이고 공이 곧 색이다. 수상행식(受想行識)도 마찬가지다. 이 모든 법의 공상(空相)은 발생하지 않고, 소멸하지 않으며, 더럽지 않고, 깨끗하지 않으며, 늘어남이 없고 줄어듦이 없다〔色不異空 空不異色 色卽是空 空卽是色 受想行識 亦復如是 是諸法空相 不生不滅 不垢不淨 不增不減〕'에 상응한다.

> 반야바라밀다의 깊고 심오한 이치 가운데는 유정(有情)이 없고, 유정이라고 부를 수 있는 것도 없고, 색수상행식(色受想行識)도 없고, 색수상행식이라고 부를 수 있는 것도 없다.

이 부분은 『반야심경』의 '공(空) 가운데는 색(色)이 없고, 수상행식(受想行識)이 없다〔空中無色 無受想行識〕'에 상응한다. 이것은 오온(五蘊)이 실재하는 것이 아님을 이야기한 것이다.

> 안·이·비·설·신·의처(眼耳鼻舌身意處)도 없고, 안·이·비·설·신·의처라고 부를 수 있는 것도 없다. 색·성·향·미·촉·법처(色聲香味觸法處)도 없고 색·성·향·미·촉·법처라고 부를 수 있는 것도 없다.

이 부분은 『반야심경』의 '안이비설신의(眼耳鼻舌身意)가 없고, 색성향미촉법(色聲香味觸法)이 없다〔無眼耳鼻舌身意 無色聲香味觸法〕'에 상응한다. 이것은 십이입처(十二入處)가 실재하는 것이 아님을 이야기한 것이다.

> 안계(眼界)도 없고, 안계라고 부를 수 있는 것도 없고, 색계(色界) 안식계(眼識界) 및 안촉(眼觸)과 안촉이 조건이 되어 생기는 수(受)들도 없고, 색계 내지 안촉이 조건이 되어 생기는 수라고 부를 수 있는 것들도 없고, 이·비·설·신·의계(耳鼻舌身意界)도 없고, 이·비·설·신·의계라고 부를 수 있는 것도 없고, 성·향·미·촉·법계(聲香味觸法界), 이·비·설·신·의식계(耳鼻舌身意識界) 및 이·비·설·신·의촉(耳鼻舌身意觸)과 이·비·설·신·의촉이 조건이 되어 생기는 수들도 없고, 성·향·미·촉·법계 내지 이·비·설·신·의촉이 조건이 되어 생기는 수라고 부를 수 있는 것들도 없다.

이 부분은 『반야심경』의 '안계(眼界)가 없고, 내지 의식계(意識界)까지 없다〔無眼界乃至無意識界〕'에 상응한다. 이것은 십팔계(十八界)가 실재하는 것이 아님을 이야기한 것이다. 불모품(佛母品)에서는 십팔계에서 연기하는 촉(觸)과 수(受)까지 언급하고 있지만, 『반야심경』에는 이들이 생략되어 있다.

> 무명(無明)도 없고 무명이라고 부를 수 있는 것도 없고 행·식·명색·육입·촉·수·애·취·유·생·노사의 슬픔·탄식·괴로움·근심·걱정〔行識名色六處觸受愛取有生老死愁歎苦憂惱〕이 없고, 행(行) 내지 노사의 슬픔 탄식 괴로움 근심 걱정〔老死愁歎苦憂惱〕이라고 부를 수 있는 것도 없다.

이 부분은 『반야심경』의 '무명(無明)이 없고, 내지 노사(老死)까지 없으며 노사의 멸진(滅盡)도 없다〔無無明乃至無老死亦無老死盡〕'에 상응한다. 이것은 십이연기의 유전문(流轉門)과 환멸문(還滅門)이 실재하는 것이 아님을 이야기한 것이다.

> 반야바라밀다의 심오한 이치 가운데서는 고성제(苦聖諦)를 나타내 보이지 않으며, 집·멸·도성제(集滅道聖諦)를 나타내 보이지 않는다.

이 부분은 『반야심경』의 '고집멸도(苦集滅道)가 없다〔無苦集滅道〕'에 상응한다. 이것은 오온의 실상이 공(空)임을 깨달아 괴로움이 사라진 사람에게는 사성제(四聖諦)를 이야기할 필요가 없음을 이야기한 것이다.

> 이와 같은 반야바라밀다의 심오한 이치 가운데는 깊고 심오한 반야바라밀다도 존재하지 않아서 얻을 수가 없거늘, 하물며 나타내 보여줄 수 있는 고성제(苦聖諦)와 집·멸·도성제(集滅道聖諦)가 있겠는가?

이 부분은 『반야심경』의 '알 것도 없고 얻을 것도 없다〔無智亦無得〕'에 상응한다. 이것은 알아서 성취해야 할 반야바라밀다도 실재하는 것이 아님을 이야기한 것이다.

> 일체의 여래 응정등각(應正等覺)의 무상정등보리(無上正等菩提)가 모

두 이와 같은 깊고 심오한 반야바라밀다로 말미암아 생긴다.

이 부분은 『반야심경』의 '삼세의 모든 부처님은 반야바라밀다에 의지하여 아누다라삼막삼보리(阿耨多羅三藐三菩提)를 얻는다[三世諸佛依般若波羅蜜多故 得阿耨多羅三藐三菩提]'에 상응한다.

이와 같이 「불모품(佛母品)」에는 『반야심경』의 내용이 고스란히 들어있다. 이것은 『반야심경』이 『대반야바라밀다경』의 「불모품(佛母品)」을 재구성한 것임을 보여준다. 자비(慈悲)를 상징하는 관세음보살과 지혜(智慧)를 의미하는 반야바라밀다를 부처님의 어머니[佛母]로 삼아 성불(成佛)의 길을 보여주기 위하여 한 편의 경으로 편찬한 것이 『반야심경』인 것이다. 송대(宋代)에 시호(施護)가 한역한 『반야심경』 광본(廣本)의 이름이 『불설불모반야바라밀다경(佛說佛母般若波羅蜜多經)』인 것을 보면, 처음부터 『반야심경』은 부처님의 어머니를 의미하는 경으로 인식되고 있었음을 알 수 있다.

4

세간의 실상을 알면 괴로움이 사라진다

거룩한 관자재보살님은

깊은 반야바라밀다행을 실천하시면서

오온(五蘊)을 관찰하여, 그것의

자기존재성(自性, svabhāva)이

공(空, śūnya)임을 보았다오.

(그리하여 일체의 괴로움과 재앙을 벗어났다오.)[62]

āryāvalokiteśvaro bodhisattvo gaṃbhīrāyāṃ

prajñā-pāramitāyāṃ carayāṃ caramāṇo

vyavalokayati sma: pañca skandhās, tāṃś ca

svabhāva-śūnyān paśyati sma.

觀自在菩薩 行深般若波羅蜜多時

照見五蘊皆空 度一切苦厄

62 괄호 안의 내용이 범본(梵本)에는 없다.

한길 몸속에 있는 세간

『반야심경』의 약본(略本)은 경을 설하게 된 인연을 설명하는 서분(序分)이 대부분 생략되고 이 부분만 남았다. 광본(廣本)에 의하면 거룩한 관자재보살이 깊은 반야바라밀다행을 실천하면서 오온(五蘊)을 관찰하여 공(空)임을 깨달은 것이 『반야심경』을 설하게 된 인연이다. 관자재보살이 반야바라밀다행의 실천을 통해서 오온의 자기존재성〔自性〕이 공이라는 것을 깨달았기 때문에 사리불이 그에게 반야바라밀다행을 수행하는 방법을 물었고, 그 물음에 대한 답으로 설해진 것이 『반야심경』인 것이다. 이 부분은 광본 서분(序分)의 핵심이기 때문에 약본에서도 이 부분을 생략하지 않고 서분으로 삼고 있다.

이 부분은 『반야심경』의 요지(要旨)이다. 반야바라밀다행을 실천하여 오온이 공임을 깨달아야 괴로움에서 벗어날 수 있다는 것이 『반야심경』의 요지(要旨)인 것이다. 그렇다면, 오온이 무엇이기에, 그것이 비어있음을 깨달으면 일체의 괴로움에서 벗어날 수 있는 것일까?

『반야심경』은 오온이 무엇인지를 알아야만 바르게 이해할 수 있다. 대부분의 불교개론서에서 오온은 물질과 정신을 의미한다고 설명하고 있다. 색(色)은 물질을 의미하고, 수상행식(受想行識)은 정신을 의미한다는 것이다. 오온이 이와 같은 것이라면 『반야심경』은 물질과 정신이 모두 비어있음을 깨달으면 모든 괴로움에서 벗어나게 된다는 내용이 된다.

우리의 눈에 보이는 모든 것이 허공처럼 텅 비어보이고, 모든 정신작용이 사라지면 괴로움도 없을 것이고, 즐거움도 없을 것이다. 온 세상이 이렇게 텅 비어버리면 아무것도 없는 허무가 될 것이다. 이렇게 허무한 세계가 반야바라밀다의 세계일까? 반야바라밀다는 결코 허무의 세계가 아니다.

오온에 대한 바른 이해가 없으면 『반야심경』을 바르게 이해할 수 없다. 불교에서 오온은 세간(世間)의 일체법(一切法), 즉 이 세상의 모든 것을 의미한다. 그렇다면 불교에서 이야기하는 세간은 어떤 것일까? 불교에서 이야기하는 세간, 즉 중생들의 세계는 공간 속에 존재하는 천체와 우주를 의미하는 것이 아니다. 『쌍윳따 니까야』 2. 26. 「로히땃사 경(Rohitassa-sutta)」에는 다음과 같은 이야기가 있다.

> 한쪽에 선 로히땃싸(Rohitassa) 천자(天子)가 세존께 이렇게 말씀드렸습니다.
>
> "세존이시여, 태어나지 않고, 늙지 않고, 죽지 않고, 옮아가지 않고, 다시 태어나지 않는 세간의 끝을 걸어가서 알고, 보고, 도달할 수 있습니까?"
>
> "존자여, 태어나지 않고, 늙지 않고, 죽지 않고, 옮아가지 않고, 다시 태어나지 않는 세간의 끝을 걸어가서 알고, 보고, 도달할 수는 없

다고 나는 말한다오."

"놀랍습니다. 세존이시여! 경이롭습니다. 세존이시여! 참으로 잘 말씀하셨습니다. 저는 옛날에 로히땃싸라고 하는 선인(仙人)이었는데, 보자(Bhoja)의 아들로서 하늘을 걸어 다니는 신통력이 있었습니다. 세존이시여, 저는 훈련받아 능숙하게 숙련된 솜씨 좋은 궁사(弓師)가 쏜 화살처럼 날래고 빨랐습니다. 저는 한 발걸음에 동해(東海)에서 서해(西海)로 가로질러 갔습니다. 세존이시여, 그때 저에게 '나는 걸어서 세간의 끝에 도달해야겠다'는 욕망이 생겼습니다. 세존이시여, 제가 이와 같은 빠르기를 가지고, 이와 같은 발걸음으로 음식을 먹고, 마시고, 대소변을 보고, 잠자고, 지칠 때를 제외하고, 100년을 살면서, 100살까지, 100년을 걸어갔지만, 세간의 끝에 도달하지 못하고 도중에 죽었습니다."

"존자여, 나는 세간의 끝에 가서 괴로움을 종식할 수 있다고 말하지 않는다오. 존자여, 그 대신 나는 의식이 있고, 생각이 있는 '한길 몸속에 있는 세간'과 '세간의 집(集)과 세간의 멸(滅)과 세간의 멸에 이르는 길'을 알려준다오."

이와 같이 부처님께서 말씀하시는 세간은 의식이 있고 생각이 있는, 즉 살아있는 '한길 몸속에 있는 세간'이다. 『쌍윳따 니까야』 1. 70. 「세간경(世間經, Loka-sutta)」에서는 이 세간이 우리의 지각활동, 즉 육입처(六入處)에서 생긴 것이라고 이야기한다.

세간은 어디에서 생겼났습니까?

어디에서 교제(交際)를 합니까?[63]

무엇이 세간을 붙들고 있습니까?[64]

세간은 어디에서 고난을 겪습니까?[65]

세간은 여섯[66]에서 생겨났다오.

여섯에서 교제를 한다오.

여섯이 세간을 붙들고 있다오.

세간은 여섯에서 고난을 겪는다오.

대부분 색(色)은 지·수·화·풍(地水火風) 사대(四大)로 된 물질을 의미한다고 생각한다. 그러나 부처님은 사대를 불변의 실체라고 말씀하시지 않았으며, 부처님께서 말씀하신 지·수·화·풍은 당시의 유물론자들이 말하는 불변하는 물질적 실체가 아니라, 의식에 의해 분별된 지각내용이다. 『디가 니까야』 11. 「께왓다경(Kevaddha-Sutta)」에서는 이것을 다음과 같이 보여준다.

---

63 'kismiṃ kubbati santhavaṃ'의 번역.

64 'kissā loko upādāya'의 번역. 세간이 유지되도록 붙들고 있는 것이 무엇인가를 묻고 있음.

65 'kismiṃ loko vihaññati'의 번역.

66 '여섯'은 6입처(入處)를 의미한다.

어디에서 지·수·화·풍은 기반을 잃는가?
어디에서 길고 짧음, 가볍고 무거움,
깨끗함과 더러움은 기반을 잃는가?
어디에서 '개념/이름'[名]과[67] 형태[色][68]는 남김없이 소멸되는가?

볼 수 없고, 한계가 없는[69] 분별하는 마음[識][70]을 모두 버릴 때,
여기에서 지·수·화·풍은 기반을 잃고,
여기에서 길고 짧음, 가볍고 무거움,
깨끗함과 더러움은 기반을 잃고,
여기에서 이름과 형태는 남김없이 소멸된다.
식(識)이 멸하기 때문에, 여기에서 그것이 소멸된다.

이와 같이 부처님께서 말씀하신 지·수·화·풍 사대는 우리의 몸 밖에 있는 물질을 구성하는 불변의 실체가 아니라 분별하는 마음, 즉 식(識)을 기반으로 나타난 분별된 대상이다. 따라서 오온의 색(色)도 물질을 의미하지 않는다.

---

67 'nāma'의 번역.

68 'rūpa'의 번역.

69 'anantaṃ'의 번역.

70 'viññāṇa'의 번역.

❖

세간은 십이입처(十二入處)에서 연기한다

『잡아함경(306)』은 오온이 십이입처에서 연기하는 것을 다음과 같이 설명한다.

> 눈〔眼〕으로 형색〔色〕을 보면 시각으로 분별하는 마음〔眼識〕이 생긴다. 이렇게 시각으로 분별하는 마음〔眼識〕이 있을 때 무엇인가가 보이며, 보이면 그것에 대하여 느끼는 마음〔受〕이 일어나고, 생각하는 마음〔想〕이 일어나고, 행위 하려는 의도〔思〕가 일어난다. 이것이 느끼는 마음〔受, 감정〕, 생각하는 마음〔想, 이성〕, 조작하는 마음〔行, 의지〕, 분별하는 마음〔識, 의식〕이다. 보는 눈〔色〕과 이들 네 가지〔受想行識〕를 사람이라고 하면서 이들 오온에서 사람이란 생각을 하여 … 다음과 같이 말한다. "내가 눈으로 색을 보고, 내가 귀로 소리를 듣고, …"
>
> 眼色緣生眼識 三事和合觸 觸俱生受想思 此四無色陰 眼色此等法名爲人 於斯等法作人想 … 又如是說 我眼見色 我耳聞聲 …

이 경전에 의하면 오온이란 우리가 '자아'라고 생각하고 있는 것이다. 우리는 눈으로 어떤 사물을 보면 "내가 본다"고 생각한다. 이때의 나는 '보는 나(色)'이다. 한편 꽃을 보고 아름답다고 느낄 때 "내가 느낀다"고 생각한다. 이때의 나는 '느끼는 나(受)'다. 이 밖에도 나는 '생각하는 나(想)', '행동하는 나(行)', '의식하는 나(識)'가 있다. 우리는 보고, 느끼고, 생각하고, 행동하고, 의식하는 '자아'가 존재하고 있다고 생각하고 있다. 그래서 "내가 눈으로 색을 보고, 감정으로 느끼고, 이성으로 생각하고, 의지로 행동하고, 의식으로 인식한다"고 말한다. 오온이란 이렇게 우리가 '자아'라고 생각하고 있는 '다섯 가지 우리의 생각'이지, 물질과 정신이라는 어떤 객관적인 사물을 의미하는 것이 아니다. 오온이라는 다섯 가지 요소가 모여서 사람을 이루고 있는 것이 아니라, 우리가 허망한 생각으로 나라고 집착하고 있는 다섯 가지 망상을 부처님께서 오온이라고 부른 것이다.

이와 같이 12입처(入處)에서 연기한 오온을 중생들은 자아와 세계로 인식한다. 『쌍윳따 니까야』 22. 48. 「온경(蘊經, Khandha-sutta)」에서는 오온과 오취온(五取蘊)에 대하여 다음과 같이 이야기한다.

> 비구들이여, 오온과 오취온에 대하여 이야기하겠소. 잘 듣도록 하시오. 비구들이여, 오온이란 어떤 것인가?
>
> 비구들이여, 그것이 어떤 형색(色)이든, 과거, 현재, 미래의, 내적인 것이든 외적인 것이든, 거친 것이든 미세한 것이든, 보잘것없는 것이든 빼어난 것이든, 멀리 있는 것이든 가까이 있는 것이든, 형색, 이것을 색온(色蘊)이라고 부른다오.

그것이 어떤 느끼는 마음[受]이든, … 이것을 수온(受蘊)이라고 부른다오.

그것이 어떤 생각하는 마음[想]이든, … 이것을 상온(想蘊)이라고 부른다오.

그것이 어떤 조작하는 마음[行]이든, … 이것을 행온(行蘊)이라고 부른다오.

그것이 어떤 분별하는 마음이든, 과거, 현재, 미래의 내적인 것이든 외적인 것이든, 거친 것이든 미세한 것이든, 보잘것없는 것이든 빼어난 것이든, 멀리 있는 것이든 가까이 있는 것이든, 분별하는 마음, 이것을 식온(識蘊)이라고 부른다오.

비구들이여, 이들을 오온이라고 부른다오.

비구들이여, 오취온이란 어떤 것인가?

비구들이여, 그것이 어떤 형색이든, 과거, 현재, 미래의, 내적인 것이든 외적인 것이든, 거친 것이든 미세한 것이든, 보잘것없는 것이든 빼어난 것이든, 멀리 있는 것이든 가까이 있는 것이든, 번뇌가 있는[有漏], 취착된 형색, 이것을 색취온(色取蘊)이라고 부른다오.

그것이 어떤 느끼는 마음[受]이든, … 멀리 있는 것이든 가까이 있는 것이든, 번뇌가 있는[有漏] 취착된 느끼는 마음, 이것을 수취온(受取蘊)이라고 부른다오. 그것이 어떤 생각하는 마음[想]이든, … 그것이 어떤 조작하는 마음[行]이든, … 그것이 어떤 분별하는 마음[識]이든, … 번뇌가 있는 취착된 분별하는 마음, 이것을 식취온(識取蘊)이라고 부른다오.

비구들이여, 이것들을 오취온이라고 부른다오.

부처님께서 말씀하시는 중생들의 세계, 즉 세간은 이와 같은 오온이며, 오온 가운데 탐욕에 의해서 취착된 오온이 오취온(五取蘊)이다. 중생들은 오취온(五取蘊)을 취착하여 자신의 자아로 여긴다. 『쌍윳따 니까야』 22. 47. 「여김경(Samanupassanā-sutta)」에서는 중생들이 자아로 여기고 있는 것이 오취온(五取蘊)이라는 것을 다음과 같이 이야기한다.

비구들이여, 다양한 것을 자아로 여기고 있는 사문이나 바라문들은 누구나 일체의 오취온이나 오취온 가운데 어떤 것을 자아로 여긴다오.

어떤 것이 오취온인가?

비구들이여, 여기에서 배움이 없고, 성자를 보지 못하고, 현성의 법에 의해 가르침을 받지 못한 범부들은 몸[色]을 자아라고 여기거나, 자아가 몸을 가지고 있다고 여기거나, 자아 속에 몸이 있다고 여기거나, 몸이 자아를 소유하고 있다고 여긴다오. 느끼는 마음[受]을, 생각하는 마음[想]을, 조작하는 행위[行]를, 분별하는 마음[識]을 자아라고 여기거나, 자아가 의식을 가지고 있다고 여기거나, 자아 속에 의식이 있다고 여기거나, 의식이 자아를 소유하고 있다고 여긴다오. 그리고 이렇게 여기고 있을 때, "내가 있다"는 생각이 그치지 않는다오.

비구들이여, "내가 있다"는 생각이 그치지 않을 때, 다섯 가지 지각활동〔五根〕이 나타난다오. 눈의 지각활동〔眼根〕, 귀의 지각활동〔耳根〕, 코의 지각활동〔鼻根〕, 혀의 지각활동〔舌根〕, 몸의 지각활동〔身根〕이 나타난다오.

오취온(五取蘊)이 괴로움이다

이와 같이 중생들이 자아로 여기면서 집착하고 있는 것은 오취온이다. 그리고 이 오취온이 불교에서 이야기하는 괴로움, 즉 고성제(苦聖諦)이다. 『맛지마 니까야』 28. 「코끼리 발자국의 비유 큰 경(Mahāhatthipadopama-sutta)」에서는 이것을 다음과 같이 이야기한다.

> 존자들이여, 고성제(苦聖諦)란 어떤 것인가? 태어남[生]이 괴로움[苦]이고, 늙음[老]이 괴로움이고, 죽음[死]이 괴로움이고, 슬픔, 비탄, 고통, 근심, 불안이 괴로움이고, 원하는 것을 얻지 못하는 것이 괴로움이라오. 요컨대 오취온이 괴로움이라오.

우리가 겪는 생로병사(生老病死) 등의 모든 괴로움은 오취온을 자아로 여기면서 집착하기 때문에 나타난다는 것이 이 경의 의미이다. 부처님께서 우리에게 가르치신 진리, 즉 사성제는 이와 같은 오취온을 중심으로 설해진 것이다. 고성제(苦聖諦)는 오취온을 의미하고, 고집성제(苦集聖諦)는 오취온의 집(集)을 의미하며, 고멸성제(苦滅聖諦)는 오취온의 멸(滅)을 의미하며, 고멸도성제(苦滅道聖諦)는 오취온의 멸에 이르는 길을 의미한다. 부처님이 깨달아서 우리에게 가르친 가르침은 한마디로 우리가 자아로 취하고 있는 오온(五蘊)의 실상을 여실하게 알고 괴로움에서 벗어나야 한다는 것이다. 『맛지마 니까야』 28. 「코끼리 발자국의 비유 큰 경」에서는 이것을 다음과 같이 이야기한다.

> 존자들이여, 비유하면 나무 조각을 의지하고, 칡넝쿨을 의지하고, 풀을 의지하고, 진흙을 의지하여 둘러싸인 허공이 '집'이라는 명칭으로 불리듯이, 존자들이여, 이와 같이 해골을 의지하고, 근육을 의지하고, 살을 의지하고, 가죽을 의지하여 둘러싸인 허공이 형색을 지닌 몸〔色〕이라는 명칭으로 불린다오.
>
> 존자들이여, 안에 손상을 입지 않은 시각기능〔眼〕이 있어도, 밖에 형색〔色〕들이 시야에 들어오지 않고, 적절하게 집중하지 않으면, 그 결과 적절한 분별하는 마음의 영역은 결코 나타나지 않는다오. 존자들이여, 안에 손상을 입지 않은 시각기능〔眼〕이 있고, 밖에 형색들이 시야에 들어와도, 적절하게 집중하지 않으면, 그 결과 적절한 분별하는 마음의 영역은 결코 나타나지 않는다오. 존자들이여, 몸 안에 손상을 입지 않은 시각기능이 있고, 밖에 형색들이 시야에 들어오고, 적절하게 집중하기 때문에, 이와 같이 적절한 분별하는 마음의 영역이 나타난다오.
>
> 그렇게 형성된 형색은 색취온(色取蘊)에 모이고, 그렇게 형성된 느끼는 마음〔受〕은 수취온(受取蘊)에 모이고, 그렇게 형성된 생각하는 마음〔想〕은 상취온(想取蘊)에 모이고, 그렇게 형성된 조작하는 행위

〔行〕들은 행취온(行取蘊)에 모이고, 그렇게 형성된 분별하는 마음〔識, viññāṇa〕은 식취온(識取蘊)에 모인다오. 그는 '참으로 이들 오취온(五取蘊)은 이와 같이 모이고, 집합되고, 결합된다'라고 통찰하여 안다오.

세존께서는 "연기(緣起)를 보는 자는 법을 보고, 법을 보는 자는 연기를 본다"라고 말씀하시었소. 그런데 이들 오취온은 연기한 것들이라오. 이들 오취온에 대하여 욕망, 애착, 호의, 탐닉이 있는 것이 고집(苦集)이며, 이들 오취온(五取蘊)에 대하여 욕탐(欲貪)을 억제하고, 욕탐을 제거하는 것이 고멸(苦滅)이라오. 존자들이여, 비구가 이 정도가 되려면 많은 수행이 필요하다오.

존자들이여, 청각기능〔耳〕, 후각기능〔鼻〕, 미각기능〔舌〕, 촉각기능〔身〕, 마음〔意〕도 마찬가지라오.

존자들이여, 안에 손상을 입지 않은 마음〔意〕이 있어도, 밖에 법(法)들이 시야에 들어오지 않고, 적절하게 집중하지 않으면, 그 결과 적절한 분별하는 마음의 영역은 결코 나타나지 않는다오. 존자들이여, 안에 손상을 입지 않은 마음〔意〕이 있고, 밖에 법들이 시야에 들어와도, 적절하게 집중하지 않으면, 그 결과 적절한 분별하는 마음의 영역은 나타나지 않는다오. 존자들이여, 안에 손상을 입지 않은 사유기능이 있고, 밖에 법(法)들이 시야에 들어오고, 적절하게 집중하기 때문에, 이와 같이 적절한 분별하는 마음의 영역이 나타나는 것이라오.

그렇게 형성된 형색은 색취온에 모이고, 그렇게 형성된 느끼는 마음은 수취온에 모이고, 그렇게 형성된 생각하는 마음은 상취온에 모이고, 그렇게 형성된 조작하는 행위들은 행취온에 모이고, 그렇게 형성된 분별하는 마음은 식취온에 모인다오. 그는 '참으로 이들 오취온은 이와 같이 모이고, 집합되고, 결합된다'라고 통찰하여 안다오.

세존께서는 "연기(緣起)를 보는 자는 법을 보고, 법을 보는 자는 연기를 본다"라고 말씀하시었소. 그런데 이들 오취온은 연기한 것들이라오. 이들 오취온에 대하여 욕망, 애착, 호의, 탐닉이 있는 것이 고집(苦集)이며, 이들 오취온에 대하여 욕탐(欲貪)을 억제하고, 욕탐을 제거하는 것이 고멸(苦滅)이라오. 존자들이여, 비구가 이 정도가 되려면 많은 수행이 필요하다오.[71]

"거룩한 관자재보살은 깊은 반야바라밀다행을 실천하면서 오온을 관찰하여, 그것의 자기존재성〔自性〕이 공(空)임을 보았다"는 『반야심경』의 말씀은 "관자재보살은 중생들의 고통스러운 세간(世間)은 12입처〔6내입처와 6외입처〕에서 연기한 분별하는 마음, 즉 식(識)을 기반으로 나타나는 오온이며, 이것은 분별하는 마음을 기반으로 연기한 것이기 때문에 실재하는 것이 아니라는 것을 보았다"는 말씀이다.

71 이중표, 『정선 맛지마 니까야(상)』, pp. 221~224.

❖

오온의 실상을 알면 괴로움이 사라진다

|

오온을 성찰하여 그것의 실상이 공(空)임을 깨달아 괴로움에서 벗어나는 것이 불교수행이다. 모든 불교수행은 오온을 관찰하여 그 실상을 깨닫기 위한 것이다. 『쌍윳따 니까야』 22. 81. 「빠릴레야경(Pārileyya-sutta)」은 이것을 잘 보여준다.

어떤 비구가 이런 생각을 일으켰습니다.

"어떻게 알고, 어떻게 보아야 곧바로 번뇌[有漏]가 지멸(止滅)할까?"

그러자 세존께서는 그 비구의 생각을 아시고 비구들에게 말씀하셨습니다.

비구들이여, 나는 분명하게 법을 설했다오. 분명하게 사념처(四念處)를 설했고, 분명하게 사정근(四正勤)을 설했고, 분명하게 오근(五根)을 설했고, 분명하게 오력(五力)을 설했고, 분명하게 칠각지(七覺支)를 설했고, 분명하게 팔지성도(八支聖道)를 설했다오. 비구들이여, 나는 이와 같이 분명하게 법을 설했다오. 비구들이여, 나는 실로 이와 같이 분명하게 법을 설했다오. 그런데 이제 어떤 비구는 "어떻게 알고 어떻게 보아야 곧바로 번뇌가 지멸할까?"라는 생각을 일으켰다오.

비구들이여, 어떻게 알고 어떻게 보아야 곧바로 번뇌가 지멸할까?

비구들이여, … 현자의 법에 의해 가르침을 받지 못한 범부들은 형색이 있는 몸[色]을 자아라고 여긴다오. 비구들이여, 그렇게 여기는 것이 행(行, saṅkhāra)이라오. 그렇다면, 그 행은 무엇이 인연(因緣, nidāna)이 되고, 무엇이 모여서 나타난[集] 것이고, 무엇이 낳은 것이고, 무엇이 산출한 것인가? 비구들이여, 무명에서 비롯된 경험[無明觸]에서 생긴 것에 영향을 받은, 배움이 없는 범부에게 생긴 갈망하는 마음[渴愛], 그 갈망하는 마음에서 생긴 것이 행(行)이라오. 비구들이여, 그 행(行)은 무상(無常)하고, 조작된 것[有爲, saṅkhata]이며 연기(緣起)한 것이라오. 그 갈망하는 마음[渴愛]도 무상하고, 조작된 것이며 연기한 것이라오. 그 느끼는 마음[受]도 마찬가지라오. 그 경험[觸]도 무상하고, 조작된 것이며 연기한 것이라오. 그 무명(無明)도 무상하고, 조작된 것이며 연기한 것이라오. 비구들이여, 이와 같이 알고, 이와 같이 보면, 곧바로 번뇌가 지멸한다오.

느끼는 마음[受]을 자아라고 여기거나, 생각하는 마음[想]을 자아라고 여기거나, 조작하는 행위[行]들을 자아라고 여기거나, 분별하는 마음[識]을 자아라고 여기는 것도 마찬가지라오.

〈중략〉

몸을 자아라고 여기지 않아도, 느끼는 마음을 자아라고 여기지 않아도, 생각하는 마음을 자아라고 여기지 않아도, 조작하는 행위들을 자아라고 여기지 않아도, 분별하는 마음을 자아라고 여기지 않아도, '그것은 자아다. 그것은 세계다. 그 영원하고 일정하고 상주하고 불변하는 법(法)은 내세에 존재할 것이다'라는 견해가 있다면, 비구들이여, 그 상견(常見)이 행(行)이라오.

〈중략〉

'나도 없고, 내 것도 없다. 나도 존재하지 않고, 내 것도 존재하지 않을 것이다'라는 견해가 있다면 비구들이여, 그 단견(斷見)이 행(行)이라오.

〈중략〉

몸을 자아라고 여기지 않아도, 느끼는 마음을 자아라고 여기지 않아도, 생각하는 마음을 자아라고 여기지 않아도, 조작하는 행위들을 자아라고 여기지 않아도, 분별하는 마음을 자아라고 여기지 않아도, '그것은 자아다. 그것은 세계다. 그 영원하고 일정하고 상주하고 불변하는 법(法)은 내세에 존재할 것이다'라는 견해가 없어도, '나도 없고, 내 것도 없다. 나도 존재하지 않고, 내 것도 존재하지 않을 것이다'라는 견해가 없어도 정법(正法)에서 구경(究竟)에 이르지 못하고 주저하고 의심한다면, 비구들이여, 그것이 행(行)이라오.

그 행은 무엇이 인연이 되고, 무엇이 모여서 나타난[集] 것이고, 무엇이 낳은 것이고, 무엇이 산출한 것인가? 비구들이여, 무명에서 비롯된 경험[無明觸]에서 생긴 것에 영향을 받은, 배움이 없는 범부에게 생긴 갈망하는 마음[渴愛], 그 갈망하는 마음에서 생긴 것이 행이라오. 비구들이여, 그 행은 무상하고, 조작된 것[有爲, saṅkhata]이며 연기(緣起)한 것이라오. 그 갈망하는 마음[渴愛]도 무상하고, 조작된 것이며 연기한 것이라오. 그 느끼는 마음[受]도 마찬가지라오. 그 경험〔觸〕도 무상하고, 조작된 것이며 연기한 것이라오. 그 무명(無明)도 무상하고, 조작된 것이며 연기한 것이라오. 비구들이여, 이와 같이 알고, 이와 같이 보면, 곧바로 번뇌〔有漏〕가 지멸(止滅)한다오.

비구들이여, 이와 같이 알고, 이와 같이 보면 곧바로 번뇌가 지멸한다오.

사견(邪見)을 가지고 일으킨 모든 생각이 행(行)이며, 이 행에 의해 조작된 것이 오온이다. 이 오온을 통찰지(通察智), 즉 반야(般若)로 통찰하여 실상을 깨닫는 것이 불교수행이다.

우리가 자아로 생각하고 있는 오온을 지혜롭게 깊이 통찰해 보면 그것은 무명에서 연기한 망념일 뿐, 실체가 없음을 알 수 있다. 보고, 느끼고, 생각하고, 행동하고, 의식하지 않을 때는 '나'라는 생각 자체가 없다. 매 순간 우리는 다른 것을 보고, 다르게 느끼고, 다르게 생각하고, 다르게 행동하고, 다른 것을 의식한다. 따라서 우리가 자아라고 생각하고 있는 다섯 가지 망념, 즉 오온은 무상하다고 할 수 있고, 이것을 불경에서는 "오온은 무상하다"라고 말한다. 무상하다는 것은 그 속에 어떤 불변의 실체가 없음을 의미한다. 이것을 불경에서는 "오온은 공성(空性)이다"라고 이야기한다. 이와 같이 『반야심경』은 오온이 무상한 공성임을 깨달으면 자아에 대한 집착에서 비롯된 모든 고통이 사라진다는 것을 이야기하고 있다. 따라서 "觀自在菩薩 行深般若波羅蜜多時 照見五蘊皆空 度一切苦厄"은 다음과 같은 의미를 갖는다.

관자재보살은 반야바라밀다를 실천하면서 우리가 '자아'라고 여기고 있는 몸, 감정, 이성, 의지, 의식 등을 관찰한 결과, 모두 인연에 따라서 순간순간 일어났다가 사라지는 허망한 생각일 뿐 실체가 없이 텅 비어있다는 것을 깨닫고 이러한 '자아'로 인해서 생겨난 모든 괴로움에서 벗어날 수 있었다.

『반야심경』은 이렇게 오온이라는 우리의 거짓된 자아가 허망한 망상임을 깨닫게 하고 있다. 다시 말해서 『반야심경』에서는 오온의 공성(空性)을 깨닫는 것이 곧 불교의 깨달음이며, 이것을 깨닫고 살아가는 사람이 부처라는 것을 이야기하고 있다.

5

나와 세계의 실상은 공空이다

샤리뿌뜨라여!

형색을 지닌 몸(色)은 공성(空性)이고,

공성이 실로 형색을 지닌 몸이라오.

형색을 지닌 몸은 공성과 다르지 않고,

공성은 형색을 지닌 몸과 다르지 않으므로,

형색을 지닌 몸이 바로 공성이고,

공성이 바로 형색을 지닌 몸이라오.

느끼는 마음(受), 생각하는 마음(想),

조작하는 마음(行), 분별하는 마음(識)도

실로 이와 같다오.

iha Śāriputra rūpaṃ śūnyatā, śūnyatāiva rūpam.

rūpān na pṛthak śūnyatā, śūnyatāyā na

pṛthag rūpaṃ. yad rūpaṃ sā śūnyatā, yā śūnyatā

tad rūpam. evam eva vedanā-saṃjñā-

saṃskāra-vijñānāni.

舍利子 色不異空 空不異色 色即是空 空即是色 受想

行識 亦復如是

공(空)의 의미

이 부분은 반야바라밀다행을 실천하는 방법을 묻는 사리불의 질문에 대한 관자재보살의 답이다. 다시 말해서 오온에 대한 단순한 서술이 아니라 오온을 통찰하는 방법을 설명하고 있다. 현장의 한역본은 범본(梵本)의 'rūpaṃ śūnyatā, śūnyataiva rūpam'을 생략하고 'rūpān na pṛthak śūnyatā, śūnyatāyā na pṛthag rūpaṃ, yad rūpaṃ sā śūnyatā, yā śūnyatā tad rūpam'만을 '色不異空 空不異色 色卽是空 空卽是色'으로 번역했기 때문에 이 부분이 오온의 통찰 방법을 설명했다는 것을 알아보기 어렵다. 아마도 현장은 '색은 공성이고, 공성이 사실은 색이다(rūpaṃ śūnyatā, śūnyataiva rūpam)'가 뒤에 나오는 '색 그것이 바로 공성이고, 공성 그것이 바로 색이다(yad rūpaṃ sā śūnyatā, yā śūnyatā tad rūpam)'와 동일한 내용이라고 생각하여 앞부분을 생략한 것 같은데, 이들 두 부분은 결코 동일한 내용이 아니다. 앞부분은 오온을 통찰하는 방법을 설명한 것이고, 뒷부분은 그 결과 관찰되는 내용을 이야기한 것이다.

광본(廣本)에서는 이 점이 분명하게 드러난다. 반야(般若)와 이언(利言) 등이 함께 번역한 광본에는 이 부분이 다음과 같이 되어 있다.

사리자여, 선남자 선여인이 깊은 반야바라밀다행을 수행할 때는 마땅히 오온(五蘊)의 자성이 공(空)임을 통찰해야 합니다. 사리자여, 색은 공과 다르지 않고, 공은 색과 다르지 않아서 색이 곧 공이요, 공이 곧 색입니다. 수(受)·상(想)·행(行)·식(識)도 이와 같습니다.

舍利子 若善男子 善女人 行甚深般若波羅蜜多行時 應觀五蘊性空 舍利子 色不異空 空不異色 色即是空 空即是色 受想行識 亦復如是

우리는 여기에서 광본(廣本)의 '마땅히 오온(五蘊)의 자성이 공(空)임을 관찰해야 한다(應觀五蘊性空)'가 약본(略本)에서는 '색은 공성이고, 공성이 사실은 색이다(rūpaṃ śūnyatā, śūnyataiva rūpam)'로 표현된 것임을 알 수 있다. 그런데 한역본에서는 이 부분을 생략하였기 때문에 '色不異空 空不異色 色即是空 空即是色'이 오온의 공성에 대한 단순한 서술처럼 되어 버렸다. 그러므로 『반야심경』을 바르게 이해하기 위해서는 '色不異空 空不異色 色即是空 空即是色' 앞에 'rūpaṃ śūnyatā, śūnyataiva rūpam'이라는 부분이 있다는 것을 염두에 두고 이 부분을 읽어야 한다.

관자재보살이 심오한 반야바라밀다행을 실천하여 괴로움에서 벗어난 것을 보고, 사리불이 관자재보살에게 "어떻게 실천하여 괴로움에서 벗어날 수 있었는가?"를 물음으로써 『반야심경』이 설해진다. 관자재보살은 사리불에게 오온은 자성이 공임을 관찰해야 한다고 대답한다. 그리고 오온의 자성이 공이라는 사실을 제대로 관찰하면 오온이 공성(空性)과 다름이 없고, 공성이 오온과 다름이 없음을 깨닫게 되며, 그 결과 오온이 그대로 공성이고 공성이 그대로 오온이라는 사실을 깨닫게 된다는 것이다. 이것이 '色不異空 空不異色 色卽是空 空卽是色'의 의미이다.

『반야심경』은 이렇게 오온을 반야(般若)로 통찰하여 그것의 자성이 공성임을 깨달아 괴로움에서 벗어나는 길을 보여주고 있다. 그렇다면 불교에서 이야기하는 공성(空性, śūnyatā)은 구체적으로 어떤 것을 의미하는가? 불교에서 가장 이해하기 어려운 개념이 '공(空)'이다. 그리고 많은 사람들이 '공'은 초기대승경전인 반야부(般若部)경전에서 처음 등장하는 개념으로 알고 있다. 그러나 '공'은 『니까야』와 『아함경』에도 자주 등장하는 초기불교의 핵심개념이다. 『맛지마 니까야』 121. 「공성(空性)을 설하신 작은 경(Cūḷasuññata-sutta)」을 살펴보자. 이 경은 '공(空)'의 의미를 상세하게 설명하고 있기 때문에 '공(空)'을 이해하는 데 매우 중요한 경이다.

이와 같이 나는 들었습니다.

한때 세존께서는 싸왓티의 뿝바라마 미가라마뚜 누각에 머무셨습니다. 어느 날 아난다 존자는 저녁에 좌선(坐禪)을 마친 후 세존을 찾아가 예배하고 한쪽에 앉았습니다. 아난다 존자가 세존께 말씀드렸습니다.

"세존이시여, 언젠가 세존께서 싹까의 나가라까(Nagaraka)라는 싸까족 마을에 계셨습니다. 세존이시여, 저는 그곳에서 세존으로부터 직접 '아난다여, 나는 요즈음 대부분 공(空)에 머물며[72] 지낸다'라고 하신 말씀을 들었습니다. 세존이시여, 제가 제대로 듣고, 제대로 기억하고 있는 것인지요?"

"아난다여, 그대는 분명히 제대로 듣고, 제대로 기억하고 있다. 아난다여, 나는 예전에도, 그리고 요즈음도 대부분 공에 머물며 지낸다. 비유하면 코끼리, 소, 말이 공하고, 금(金), 은(銀)이 공(空)하고, 남녀의 모임은 공하지만, 참으로 비구 승가 하나만은 공하지 않은 미가라마뚜 누각과 같다. 아난다여, 이와 같이 비구는 마을에 대한 생각[73]이나 사람에 대한 생각[74]을 하지 않고, 숲에 대한 생각[75] 하나만을 한다. 그리하여 마음이 숲에 대한 생각으로 도약하고, 밝아지고, 확립되고, 해탈한다. 그는 '마을에 대한 생각으로 인한 걱정이 여기에는 없다. 사람에 대한 생각으로 인한 걱정이 여기에는 없다. 그러나 참으로 숲에 대한 생각으로 인한 걱정 하나는 있다'라고 통찰하여 안다. 그는 '이 생각은 마을에 대한 생각이 공(空)하다'[76]라고 통찰하여 안다. 그는 '이 생각은 사람에 대한 생각이 공(空)하다'라고 통찰하여 안다. '그러나 참으로 숲에 대한 생각 하나는 공(空)하지 않다'라고 통찰하여 안다. 이와 같이 그는 그곳에 없는 것을 공(空)으로 간주한다.

---

72 'suññatāvihārena'의 번역.

73 'gāmasaññaṃ'의 번역.

74 'manussasaññaṃ'의 번역.

75 'araññasaññaṃ'의 번역.

76 'suññam idaṃ saññāgataṃ gāmasaññāyāti'의 번역.

'그렇지만 그곳에 남아있는, 존재하는 그것은 이것이다'[77]라고 통찰하여 안다. 아난다여, 이와 같이 하면 그에게 여실하고, 뒤집힘[顚倒]이 없고, 순수한 공성(空性)이 나타나게 된다.[78]

아난다여, 다음으로 비구는 마을에 대한 생각이나 사람에 대한 생각을 하지 않고, 땅에 대한 생각[地想][79] 하나만을 한다. 그리하여 마음이 땅에 대한 생각으로 도약하고, 밝아지고, 확립되고, 해탈한다. 아난다여, 비유하면 수천 개의 못을 박아 구김이 없는 황소 가죽처럼, 아난다여, 이와 같이 비구는 이 땅의 모든 높고 낮음, 험한 강, 가시덤불 구덩이, 높은 낭떠러지 같은 것을 생각하지 않고, 오직 땅에 대한 생각 하나만을 생각한다. 그리하여 마음이 땅에 대한 생각으로 도약하고, 밝아지고, 확립되고, 해탈한다. 그는 '사람에 대한 생각으로 인한 걱정이 여기에는 없다. 숲에 대한 생각으로 인한 걱정이 여기에는 없다. 그러나 참으로 땅에 대한 생각으로 인한 걱정 하나는 있다'라고 통찰하여 안다. 그는 '이 생각은 사람에 대한 생각이 공하다'라고 통찰하여 안다. 그는 '이 생각은 숲에 대한 생각이 공하다'라고 통찰하여 안다. '그러나 참으로 땅에 대한 생각 하나는 공하지 않다'라고 통찰하여 안다. 이와 같이 그는 그곳에 없는 것을 공으로 간주한다. '그렇지만 그곳에 남아있는, 존재하는 그것은 이것이

77 'yaṃ pana tattha avasiṭṭhaṃ hoti, taṃ santaṃ idam atthīti'의 번역.

78 'suññatāvakkanti bhavati'의 번역.

79 'paṭhavīsaññaṃ'의 번역.

다'라고 통찰하여 안다. 아난다여, 이와 같이 하면 그에게 여실하고, 뒤집힘이 없고, 순수한 공성이 나타나게 된다.

아난다여, 다음으로 비구는 숲에 대한 생각이나 땅에 대한 생각을 하지 않고, 공무변처상(空無邊處想)[80] 하나만을 생각한다. 그리하여 마음이 공무변처상으로 도약하고, 맑아지고, 확립되고, 해탈한다. 아난다여, 그는 '숲에 대한 생각으로 인한 걱정이 여기에는 없다. 땅에 대한 생각으로 인한 걱정이 여기에는 없다. 그러나 참으로 공무변처상으로 인한 걱정 하나는 있다'라고 통찰하여 안다. 그는 '이 생각은 숲에 대한 생각이 공하다'라고 통찰하여 안다. 그는 '이 생각은 땅에 대한 생각이 공하다'라고 통찰하여 안다. '그러나 참으로 공무변처상 하나는 공하지 않다'라고 통찰하여 안다. 이와 같이 그는 그곳에 없는 것을 공으로 간주한다. '그렇지만 그곳에 남아있는, 존재하는 그것은 이것이다'라고 통찰하여 안다. 아난다여, 이와 같이 하면 그에게 여실하고, 뒤집힘〔顚倒〕이 없고, 순수한 공성(空性)이 나타나게 된다.

아난다여, 다음으로 비구는 땅에 대한 생각이나 공무변처상을 생각하지 않고, 식무변처상(識無邊處想)[81] 하나만을 생각한다. 그리하여 마음이 식무변처상으로 도약하고, 맑아지고, 확립되고, 해탈한다. 아난다여, 그는 '땅에 대한 생각으로 인한 걱정이 여기에는 없다. 공

---

80 'ākāsānañcāyatanasaññaṃ'의 번역.

81 'viññāṇañcāyatanaṃ'의 번역.

무변처상으로 인한 걱정이 여기에는 없다. 그러나 참으로 식무변처상으로 인한 걱정 하나는 있다'라고 통찰하여 안다. 그는 '이 생각은 땅에 대한 생각이 공(空)하다'라고 통찰하여 안다. 그는 '이 생각은 공무변처상이 공하다'라고 통찰하여 안다. '그러나 참으로 식무변처상 하나는 공하지 않다'라고 통찰하여 안다. 이와 같이 그는 그곳에 없는 것을 공으로 간주한다. '그렇지만 그곳에 남아있는, 존재하는 그것은 이것이다'라고 통찰하여 안다. 아난다여, 이와 같이 하면 그에게 여실하고, 뒤집힘〔顚倒〕이 없고, 순수한 공성이 나타나게 된다.

아난다여, 다음으로 비구는 공무변처상이나 식무변처상을 생각하지 않고, 무소유처상(無所有處想)[82] 하나만을 생각한다. 그리하여 마음이 무소유처상으로 도약하고, 맑아지고, 확립되고, 해탈한다. 아난다여, 그는 '공무변처상으로 인한 걱정이 여기에는 없다. 식무변처상으로 인한 걱정이 여기에는 없다. 그러나 참으로 무소유처상으로 인한 걱정 하나는 있다'라고 통찰하여 안다. 그는 '이 생각은 공무변처상이 공하다'라고 통찰하여 안다. 그는 '이 생각은 식무변처상이 공하다'라고 통찰하여 안다. '그러나 참으로 무소유처상 하나는 공하지 않다'라고 통찰하여 안다. 이와 같이 그는 그곳에 없는 것을 공으로 간주한다. '그렇지만 그곳에 남아있는, 존재하는 그것은 이것이다'라고 통찰하여 안다. 아난다여, 이와 같이 하면 그에게 여실하고, 뒤집힘〔顚倒〕이 없고, 순수한 공성(空性)이 나타나게 된다.

82 'ākiñcaññāyatanasaññaṃ'의 번역.

아난다여, 다음으로 비구는 식무변처상이나 무소유처상을 생각하지 않고, 비유상비무상처상(非有想非無想處想)[83] 하나만을 생각한다. 그리하여 마음이 비유상비무상처상으로 도약하고, 맑아지고, 확립되고, 해탈한다. 아난다여, 그는 '식무변처상으로 인한 걱정이 여기에는 없다. 무소유처상으로 인한 걱정이 여기에는 없다. 그러나 참으로 비유상비무상처상으로 인한 걱정 하나는 있다'라고 통찰하여 안다. 그는 '이 생각은 식무변처상이 공하다'라고 통찰하여 안다. 그는 '이 생각은 무소유처상이 공하다'라고 통찰하여 안다. '그러나 참으로 비유상비무상처상 하나는 공하지 않다'라고 통찰하여 안다. 이와 같이 그는 그곳에 없는 것을 공으로 간주한다. '그렇지만 그곳에 남아있는, 존재하는 그것은 이것이다'라고 통찰하여 안다. 아난다여, 이와 같이 하면 그에게 여실하고, 뒤집힘〔顚倒〕이 없고, 순수한 공성이 나타나게 된다.

아난다여, 다음으로 비구는 무소유처상이나 비유상비무상처상을 생각하지 않고, 무상심정(無相心定)[84] 하나만을 생각한다. 그리하여 마음이 무상심정으로 도약하고, 맑아지고, 확립되고, 해탈한다. 아난다여, 그는 '무소유처상으로 인한 걱정이 여기에는 없다. 비유상비무상처상으로 인한 걱정이 여기에는 없다. 그러나 참으로 이 몸으

83 'nevasaññānāsaññāyatanasaññaṃ'의 번역.

84 'animittaṃ cetosamādhiṃ'의 번역. 『소공경(小空經)』에서 '無相心定'으로 한역하였기에 이에 따름.

로 인한,[85] 육입처(六入處)에 속하는, 수명(壽命)에 의한[86] 걱정은 있다'라고 통찰하여 안다. 그는 '이 생각은 무소유처상이 공하다'라고 통찰하여 안다. 그는 '이 생각은 비유상비무상처상이 공하다'라고 통찰하여 안다. '그러나 참으로 공하지 않은 것은 오직 이 몸으로 인한, 육입처에 속하는, 수명에 의한 걱정이다'라고 통찰하여 안다. 이와 같이 그는 그곳에 없는 것을 공으로 간주한다. '그렇지만 그곳에 남아있는, 존재하는 그것은 이것이다'라고 통찰하여 안다. 아난다여, 이와 같이 하면 그에게 여실하고, 뒤집힘[顚倒]이 없고, 순수한 공성이 나타나게 된다.

아난다여, 다음으로 비구는 무소유처상이나 비유상비무상처상을 생각하지 않고, 무상심정 하나만을 생각한다. 그리하여 마음이 무상심정으로 도약하고, 맑아지고, 확립되고, 해탈한다. 아난다여, 그는 '이 무상심정(無相心定)은 작위된 것[87]이고 의도된 것[88]이다. 어떤 것이든 작위된 것이나 의도된 것은 모두가 무상(無常)한 소멸법(消滅法)[89]이다'라고 통찰하여 안다. 이렇게 알고, 이렇게 봄으로써 마음이 욕루(欲漏)에서 해탈하고, 유루(有漏)에서 해탈하고, 무명루(無明漏)에서 해탈한다. 그리고 해탈했을 때, '해탈했다'라고 알게 된다. 즉, '태

---

85 'imaṃ eva kāyaṃ paṭicca'의 번역.

86 'jīvitapaccayā'의 번역.

87 'abhisaṅkhato'의 번역.

88 'abhisñcetayito'의 번역.

89 'aniccaṃ nirodhadhammaṃ'의 번역.

어남은 끝났고 청정한 수행(梵行)을 마쳤으며 해야 할 일을 끝마쳤다. 다시는 이런 상태로 되지 않는다'라고 통찰하여 안다.

그는 '욕루로 인한 걱정이 여기에는 없다. 유루로 인한 걱정이 여기에는 없다. 무명루로 인한 걱정이 여기에는 없다. 그러나 참으로 이 몸으로 인한, 육입처에 속하는 수명에 의한 걱정은 있다'라고 통찰하여 안다. 그는 '이 생각은 무소유처상이 공하다'라고 통찰하여 안다. 그는 '이 생각은 비유상비무상처상이 공하다'라고 통찰하여 안다. '그러나 참으로 이 몸으로 인한, 육입처에 속하는 수명에 의한 걱정은 공하지 않다'라고 통찰하여 안다. 이와 같이 그는 그곳에 없는 것을 공으로 간주한다. '그렇지만 그곳에 남아있는, 존재하는 그것은 이것이다'라고 통찰하여 안다. 아난다여, 이와 같이 하면 그에게 여실하고, 뒤집힘〔顚倒〕이 없고, 순수한 공성이 나타나게 된다.

아난다여, 과거에 위없는 최고의 청정한 공성을 성취하여 살았던 사문이나 바라문은 누구나 모두 이 위없는 최고의 청정한 공성을 성취했다. 아난다여, 미래에 위없는 최고의 청정한 공성을 성취하여 살아갈 사문이나 바라문은 누구나 모두 이 위없는 최고의 청정한 공성을 성취하여 살아갈 것이다. 아난다여, 현재 위없는 최고의 청정한 공성을 성취하여 살고 있는 사문이나 바라문은 누구나 모두 이 위없는 최고의 청정한 공성을 성취하여 살고 있다. 아난다여, 그러므로 그대는 '나는 위없는 최고의 청정한 공성을 성취하여 살아가도록 하겠다'라고 공부해야 한다."

이것이 세존께서 하신 말씀입니다.

아난다 존자는 세존의 말씀에 만족하고 기뻐했습니다.[90]

이와 같이 점차적인 차제수행(次第修行)의 과정에서 무엇이 없고, 무엇이 있는가를 통찰한다. 그리고 어떤 것이든 작위된 것이나 의도된 것은 모두가 무상(無常)한 소멸법(消滅法)이라는 것을 꿰뚫어 봄으로써 공에 대한 통찰은 완성된다. 이것이 최고의 청정한 공성의 성취이며, 이러한 최고의 청정한 공성을 성취하여 살아가는 것을 목표로 공부해야 한다는 것이 이 경의 가르침이다.

그렇다면 공의 궁극적인 의미는 무엇일까? 『잡아함경(335)』「제일의공경(第一義空經)」에서는 공의 궁극적인 의미를 다음과 같이 이야기한다.

"비구들이여, 내가 여러분들에게 처음도 좋고, 중간도 좋고, 마지막도 좋은, 의미도 좋고[善義] 맛도 좋은[善味] 순일청정(純一滿淨)하고 범행(梵行)이 청백(清白)한 '제일의공경(第一義空經)'이라고 하는 법문을 설하겠소. 새겨듣고 잘 생각해보도록 하시오. 이제 여러분들을 위하여 이야기하겠소. '제일의공경'이란 어떤 것인가? 비구들이여, 보는 나[眼]는 나타날 때 오는 곳이 없고, 사라질 때 가는 곳이 없다오. 이와 같이 보는 나[眼]는 부실(不實)하게 나타나며, 나타나면 흔적 없이 사라져서 업보는 있으나 작자(作者)는 없다오."

---

90 이중표, 『정선 맛지마 니까야(하)』(전남대학교출판부, 2016), pp. 351~357.

我今當爲汝等說法 初中後善 善義善味 純一滿淨 梵行清白 所謂第一義空經 諦聽 善思 當爲汝說 云何爲第一義空經 諸比丘 眼生時無有來處 滅時無有去處 如是眼不實而生 生已盡滅 有業報而無作者

이 경에서는 '업보는 있으나 행위자[作者]는 없다(有業報而無作者)'는 것이 공의 제일의적인 의미라고 이야기한다. 보고, 듣고, 냄새 맡고, 맛보고, 만지고, 생각하며 살아가는 우리의 삶을 통찰해보면 보고 듣는 업보만 있을 뿐, 보고 듣는 행위자로서의 자아는 없다는 것을, 즉 자아의 공성을 알 수 있다는 것이다. 이와 같이 공은 '자아의 없음'을 의미함과 동시에 '업보의 있음'을 의미한다. 그리고 이것은 불교의 무아설(無我說)이 곧 불교의 업설(業說)이라는 것을 의미한다.

불교의 공과 무아는 이와 같이 자아는 없고 업보만 있음을 의미한다. 다시 말해서 불교의 무아와 공은 업보를 의미한다. 이런 의미를 잘 드러내고 있는 『맛지마 니까야』 135. 「업에 대한 작은 경(Cūḷakammavibhaṅga-sutta)」을 살펴보자.

한쪽에 앉은 바라문 청년 쑤바 또데야뿟따가 세존께 말씀드렸습니다.

"고따마 존자여, 사람들 가운데는 잘난 사람과 못난 사람이 있는데 그 원인은 무엇이고, 그 조건은 무엇입니까? 고따마 존자여, 사람들 가운데는 수명이 짧은 사람도 있고, 장수하는 사람도 있으며, 병이 많은 사람도 있고, 병 없는 사람도 있으며, 추한 사람도 있고, 예

쁜 사람도 있으며, 힘없는 사람도 있고, 큰 힘을 가진 사람도 있으며, 재산이 없는 사람도 있고, 많은 재산을 가진 사람도 있으며, 천한 가문의 사람도 있고, 귀한 가문의 사람도 있으며, 어리석은 사람도 있고, 현명한 사람도 있습니다. 고따마 존자여, 이와 같이 사람들 가운데는 잘난 사람과 못난 사람이 있는데 그 원인은 무엇이고, 그 조건은 무엇입니까?"

바라문 청년이여, 중생은 업의 소유자[91]이며, 업의 상속자[92]이며, 업을 모태(母胎)로 하며,[93] 업의 친척[94]이며, 업에 의지한다오.[95] 업이 중생을 이와 같이 잘난 사람과 못난 사람으로 나눈다오.

〈중략〉

바라문 청년이여, 어떤 여자나 남자는 생명에 대하여 자비심 없이 손에 피를 묻히고 잔인하게 살생을 일삼는다오. 그 업으로 인하여, 그와 같은 행동을 했기 때문에, 그와 같이 실행했기 때문에, 그는 몸이 무너져 죽은 후에 험난하고, 고통스러운 지옥과 같은 악취(惡趣)에 태어난다오. 만약에 몸이 무너져 죽은 후에 험난하고, 고통스러운 지옥과 같은 악취에 태어나지 않고 인간으로 돌아온다면, 어느 곳에 태어나더라도 수명이 짧다오. 바라문 청년이여, 생명에 대하

91 'kammassakā'의 번역.

92 'kammadāyādā'의 번역.

93 'kammayonī'의 번역.

94 'kammabandhū'의 번역.

95 'kammapaṭisaraṇā'의 번역.

여 자비심 없이 손에 피를 묻히고 잔인하게 살생을 일삼는 것이 짧은 수명으로 가는 길이라오.

바라문 청년이여, 어떤 여자나 남자는 살생을 하지 않고, 살생을 삼가고, 몽둥이와 칼을 내려놓고, 자비롭게 모든 생명을 애민(哀愍)하며 살아간다오. 그 업으로 인하여, 그와 같은 행동을 했기 때문에, 그와 같이 실행했기 때문에, 그는 몸이 무너져 죽은 후에 행복한 천상에 태어난다오. 만약에 몸이 무너져 죽은 후에 행복한 천상에 태어나지 않고 인간으로 돌아온다면, 어느 곳에 태어나더라도 장수한다오. 바라문 청년이여, 살생을 하지 않고, 살생을 삼가고, 몽둥이와 칼을 내려놓고, 자비롭게 모든 생명을 애민하며 사는 것이 장수로 가는 길이라오.

〈중략〉

바라문 청년이여, 어떤 여자나 남자는 사문이나 바라문을 찾아가서 '존자여, 무엇이 선(善)이고, 무엇이 불선(不善)입니까? 어떤 것이 비난받을 일이고, 어떤 것이 비난받지 않을 일입니까? 어떤 것이 해야 할 일이고, 어떤 것이 해서는 안 될 일입니까? 나에게 오랫동안 불이익과 괴로움을 가져오는 것은 무엇이고, 나에게 오랫동안 이익과 행복을 가져오는 것은 무엇입니까?'라고 묻지 않는다오. 그 업으로 인하여, 그와 같은 행동을 했기 때문에, 그와 같이 실행했기 때문에, 그는 몸이 무너져 죽은 후에 험난하고, 고통스러운, 지옥과 같은 악취(惡趣)에 태어난다오. 만약에 몸이 무너져 죽은 후에 험난하고, 고통스러운, 지옥과 같은 악취에 태어나지 않고 인간으로 돌아온다면, 어느 곳에 태어나더라도 어리석다오.

바라문 청년이여, 사문이나 바라문을 찾아가서 '존자여, 무엇이 선이고, 무엇이 불선입니까? 어떤 것이 비난받을 일이고, 어떤 것이 비난받지 않을 일입니까? 어떤 것이 해야 할 일이고, 어떤 것이 해서는 안 될 일입니까? 나에게 오랫동안 불이익과 괴로움을 가져오는 것은 무엇이고, 나에게 오랫동안 이익과 행복을 가져오는 것은 무엇입니까?'라고 묻지 않는 것이 어리석게 되는 길이라오.

바라문 청년이여, 어떤 여자나 남자는 사문이나 바라문을 찾아가서 '존자여, 무엇이 선이고, 무엇이 불선입니까? 어떤 것이 비난받을 일이고, 어떤 것이 비난받지 않을 일입니까? 어떤 것이 해야 할 일이고, 어떤 것이 해서는 안 될 일입니까? 나에게 오랫동안 불이익과 괴로움을 가져오는 것은 무엇이고, 나에게 오랫동안 이익과 행복을 가져오는 것은 무엇입니까?'라고 묻는다오. 그 업으로 인하여, 그와 같은 행동을 했기 때문에, 그와 같이 실행했기 때문에, 그는 몸이 무너져 죽은 후에 행복한 천상에 태어난다오. 만약에 몸이 무너져 죽은 후에 행복한 천상에 태어나지 않고 인간으로 돌아온다면 어느 곳에 태어나더라도 현명하다오. 바라문 청년이여, 사문이나 바라문을 찾아가서 '존자여, 무엇이 선이고, 무엇이 불선입니까? 어떤 것이 비난받을 일이고, 어떤 것이 비난받지 않을 일입니까? 어떤 것이 해야 할 일이고, 어떤 것이 해서는 안 될 일입니까? 나에게 오랫동안 불이익과 괴로움을 가져오는 것은 무엇이고, 나에게 오랫동안 이익과 행복을 가져오는 것은 무엇입니까?'라고 묻는 것이 현명하게 되는 길이라오.

바라문 청년이여, 이와 같이 짧은 수명으로 가는 길을 가면 수명이 짧게 되고, 긴 수명으로 가는 길을 가면 장수하게 되고, 많은 병으로 가는 길을 가면 병이 많게 되고, 무병으로 가는 길을 가면 무병하게 되고, 추한 모습으로 가는 길을 가면 추한 모습이 되고, 사랑스러운 모습으로 가는 길을 가면 사랑스러운 모습이 되고, 무력하게 되는 길을 가면 무력하게 되고, 세력을 갖게 되는 길을 가면 세력을 갖게 되고, 가난하게 되는 길을 가면 가난하게 되고, 부유하게 되는 길을 가면 부유하게 되고, 천한 가문에 태어나는 길을 가면 천한 가문에 태어나고, 귀한 가문에 태어나는 길을 가면 귀한 가문에 태어나고, 어리석게 되는 길을 가면 어리석게 되고, 현명하게 되는 길을 가면 현명하게 된다오.

바라문 청년이여, 이와 같이 중생은 업의 소유자이며, 업의 상속자이며, 업을 모태로 하며, 업의 친척이며, 업에 의지한다오. 업이 중생을 이와 같이 잘난 사람과 못난 사람으로 나눈다오.[96]

부처님께서는 스스로를 업을 이야기하는 사람이라고 칭하셨다. 중생은 업의 소유자이며, 업의 상속자이며, 업을 모태(母胎)로 하며, 업의 친척이며, 업에 의지하며, 업이 중생을 잘난 사람과 못난 사람으로 나눈다는 것이다. 이와 같이 불교는 한마디로 말해서 업설을 가르

96 이중표, 『정선 맛지마 니까야(하)』, pp. 365~374.

치는 종교이다. 그런데 이러한 업설이 무아설(無我說)이나 연기설(緣起說)과 모순된다고 생각하는 사람들이 있다. 그러나 이것은 불교의 업설에 대한 오해에서 비롯된 것이다. 무아설은 '행위자로서의 자아는 없고 오직 업보만 있을 뿐'이라는 업설의 다른 표현일 뿐이다.

이와 같이 공이 '업보만 있음'을 의미한다면, "舍利子 色不異空 空不異色 色卽是空 空卽是色 受想行識 亦復如是"는 다음과 같은 의미를 지닌다.

> 사리뿌뜨라여! 형색을 지닌 몸[色]은 자아로서의 행위자가 아니라 삶의 결과로 나타난 업보(業報)이고, 그와 같은 업보가 실로 형색을 지닌 몸이다. 그러므로 형색을 지닌 몸은 삶의 결과인 업보와 다르지 않고, 업보는 형색을 지닌 몸과 다르지 않다. (그러므로) 형색을 지닌 몸은 업보이고, 업보가 형색을 지닌 몸이다. 느끼는 마음[受], 생각하는 마음[想], 조작하는 마음[行], 분별하는 마음[識]도 실로 이와 같다.

『반야심경』에서는 이런 의미에서 '色卽是空 空卽是色'이라고 말하고 있다. 만약 몸이 내가 아니라고 해서 몸을 없애고, 느낌, 생각, 의지, 의식이 내가 아니라고 해서 이들을 없애버리면 남는 것은 허무일 뿐이다. 문제는 몸이나 느낌 등의 실상을 알지 못하고 이들을 잘못 보고 있는 데 있다. 오온의 실상을 알고 보면, 오온이 곧 그대로 참나인 것이다.

❖

오온의 실상

그렇다면 오온의 실상은 어떤 것일까? 불교의 모든 수행은 오온의 실상을 관찰하기 위한 것이며 그 출발점이 되는 것이 사념처(四念處)이다. 사념처는 몸(身, kāya), 느낌(受, vedanā), 마음(心, citta), 법(法, dhamma)에 대한 관찰법이다. 그렇다면 사념처는 구체적으로 어떻게 관찰하는 것일까? 『잡아함경(609)』과 이에 상응하는 『쌍윳따 니까야』 47. 42. 「모임경(Samudaya-sutta)」에서는 사념처(四念處)의 모임〔集, samudaya〕과 사라짐〔沒, atthagama〕에 대하여 다음과 같이 설하고 있다.

세존께서 비구들에게 말씀하셨습니다.

"내가 이제 사념처의 모임〔集〕과 사라짐〔沒〕에 대하여 이야기하겠소. 새겨듣고 잘 생각해보시오. 사념처의 모임과 사라짐이란 어떤 것인가?

음식〔食, āhāra〕이 모이면 몸〔身, kāya〕이 모이고〔食集則身集〕, 음식이 소멸하면 몸이 사라진다오. 이와 같이 몸이 모이는 것을 따라서 관찰이 머물고, 몸이 사라지는 것을 따라서 관찰이 머물고, 몸이 모이고 사라지는 것을 따라서 관찰이 머물면, 의지하여 머물 곳이 없어지고 모든 세간에서 취(取)할 것이 영원히 없어진다오.

경험〔觸, phassa〕이 모이면 느낌〔受, vedanā〕이 모이고〔觸集則受集〕, 경험이 소멸하면 느낌이 사라진다오. 이와 같이 느낌이 모이는 것을 따라서 관찰이 머물고, 느낌이 사라지는 것을 따라서 관찰이 머물고, 느낌이 모이고 사라지는 것을 따라서 관찰이 머물면, 의지하여 머물 곳이 없어지고, 모든 세간에서 취(取)할 것이 영원히 없어진다오.

이름과 형태〔名色, nāmarūpa〕가 모이면 마음〔心, citta〕이 모이고〔名色集則心集〕, 이름과 형태가 소멸하면 마음이 사라진다오. 이와 같이 마음이 모이는 것을 따라서 관찰이 머물고, 마음이 사라지는 것을 따라서 관찰이 머물고, 마음이 모이고 사라지는 것을 따라서 관찰이 머물면, 의지하여 머물 곳이 없어지고, 모든 세간에서 취(取)할 것이 영원히 없어진다오.

억념(憶念, manasikāra)이 모이면 법(法, dhamma)이 모이고〔憶念集則法集〕, 억념이 소멸하면 법이 사라진다오. 이와 같이 법이 모이는 것을 따라서 관찰이 머물고, 법이 사라지는 것을 따라서 관찰이 머물고, 법이 모이고 사라지는 것을 따라서 관찰이 머물면, 의지하여 머물 곳이 없어지고, 모든 세간에서 취(取)할 것이 영원히 없어진다오.

이것을 사념처의 모임〔集〕과 사라짐〔沒〕이라고 한다오."

世尊告諸比丘 我今當說四念處集 四念處沒 諦聽 善思 何等爲四念處集 四念處沒 食集則身集 食滅則身沒 如是隨身集觀住 隨身滅觀住 隨身集滅觀住 則無所依住 於諸世間永無所取 如是觸集則受集 觸滅則受沒 如是隨集法觀受住 隨滅法觀受住 隨集滅法

觀受住 則無所依住 於諸世間都無所取 名色集則心集 名色滅則心沒 隨集法觀心住 隨滅法觀心住 隨集滅法觀心住 則無所依住 於諸世間則無所取 憶念集則法集 憶念滅則法沒 隨集法觀法住 隨滅法觀法住 隨集滅法觀法住 則無所依住 於諸世間則無所取 是名四念處集 四念處沒

사념처는 이와 같이 우리의 몸〔身〕과 느낌〔受〕과 마음〔心〕 그리고 우리에게 인식되는 법(法)이 무상하게 인연에 따라서 모이고 사라지는 것을 관찰하여, '제행(諸行)은 무상(無常)'하고 '제법(諸法)은 무아(無我)'이기 때문에 이들 가운데는 우리가 자아로 취착할 수 있는 것이 없음을 깨닫는 수행법이다.

먼저 우리의 몸을 잘 살펴보자. 우리는 부모님으로부터 몸을 받고 태어나 그 몸으로 평생을 살아간다고 생각한다. 이렇게 태어나서 죽을 때까지 몸이 변함없이 존재하고 있다고 믿기 때문에 태어나서 죽는 이 몸에 대하여 나라는 생각을 일으킨다. 그리고 이 생각 때문에 나는 태어나서 죽는 존재라고 생각한다. 그러나 몸을 잘 관찰해보면 태어날 때의 몸과 죽을 때의 몸은 동일한 몸이 아니다. 몸은 태어난 순간부터 변화한다. 어릴 때의 몸과 성장한 후의 몸은 전혀 다르다. 그럼에도 불구하고 우리는 어렸을 때의 몸과 현재의 몸을 동일한 나라고 생각한다.

그렇다면 몸의 실상은 어떤 것일까? 몸의 실상을 알기 위해서는 우선 몸에 대해 가지고 있는 허망한 생각을 버려야 한다. 그리고 우리의 몸을 잘 관찰해야 한다. 이렇게 우리의 몸을 관찰하는 수행이 신념처(身念處)이다. 신념처는 몸을 관찰하는 데 생각을 집중하는 수행법이다. 우리의 몸을 잘 관찰하면, 몸은 먹는 것에 의해 존재하고 있다는 것을 알게 된다. 잘 먹으면 살이 찌고, 못 먹으면 몸이 마른다. 또 먹지 않으면 존속하지 못하고 사라진다. 이와 같이 몸은 음식을 먹으면 존재하고, 음식을 먹지 않으면 존재하지 못한다. 다시 말해서 우리의 몸은 음식을 먹은 결과의 업보이다. 그리고 이러한 업보의 관점에서 보면 음식과 몸은 서로 떨어져 있지 않다. 음식을 먹어 내 몸에 들어오면 음식은 우리의 몸이 되고, 소화가 되어 배설하고 나면 배설물은 내 몸이 아니다. 그러나 배설물이 논밭에 뿌려져 쌀이 되고 과일이 되어 우리 몸에 들어오면 다시 내 몸이 된다. 이렇게 생각하면 내 몸과 음식물과 배설물은 결코 둘이 아니라는 것을 알 수 있다.

이제 음식에 대하여 살펴보자. 음식은 땅이 있어야 생길 수 있고, 나무, 공기, 태양, 물 등이 어우러져야만 우리가 먹는 음식이 될 수 있다. 음식도 이와 같이 업보다. 이러한 업보의 관점, 즉 공성의 측면에서 본다면 음식은 나무, 공기, 태양, 물 등과 둘이 아니라는 것을 알 수 있다. 그렇다면 나의 몸은 곧 나무이며, 공기이며, 태양이며, 물이라는 것을 알 수 있다. 이 세상 어느 것 하나 나의 몸 아닌 것이 없다. 이렇게 보면 내 몸은 태어나서 죽는 것이 아니라, 생사가 없이 인연 따라 나타난 것임을 알게 된다. 이와 같이 몸은 무상하여 상주불변하는 실체는 없지만, 인연 따라 나타나고 있다.

느낌[受]도 마찬가지다. 괴로움이나 즐거움을 주는 성질을 가진 대상이 존재하고, 그 대상으로부터 성질을 수용하는 감정이라는 존재가 있어서 괴로움과 즐거움을 느끼는 것이 아니라, 지각을 통해 경험한 것〔觸〕이 모여서 고락의 감정을 일으키고 있음을 관찰하여, 자아(自我)라고 취할 수 있는 감정이 아무것도 없음을 깨닫는 것이 수념처(受念處) 수행이다. 뱀에게 물려본 사람은 뱀을 무섭게 느낄 것이고, 어려서부터 뱀과 가까이 지내면서 가지고 놀아본 사람은 뱀을 귀엽게 느낄 것이다. 동일한 뱀에 대하여 서로 다른 느낌을 갖게 되는 것은 외부에 무섭고 징그러운 성질을 가지고 있는 뱀이 있고, 우리 내부에 그것을 징그럽게 느끼는 감정이 있어서가 아니라 과거의 경험들이 모여서 그 경험에 의지하여 느낌이 일어나기 때문이다. 이와 같이 수념처(受念處) 수행을 통해서 우리의 감정도 경험〔觸〕이라는 업의 결과, 즉 업보임을 깨닫게 된다.

사물을 인식하는 마음〔心〕도 마찬가지다. 심념처(心念處)의 심(心)은 식(識)을 의미한다고 할 수 있는데,[97] 우리가 대상을 분별하는 의식, 즉 마음은 대상이 없어도 독자적으로 존재하는 것이 아니다. 그리고 인식의 대상은 이름〔名〕과 형태〔色〕를 가지고 있다. 바꾸어 말하면 이름과 형태, 즉 명색(名色)이 없으면 마음은 사물을 분별하지 못한다. 이와 같이 마음은 이름과 형태로 사물을 인식할 때 그 업의 결과로 나타난 업보다.

---

97 『잡아함경(41)』에서는 '名色集 是名識集'이라 하고 있으므로 '心集'은 '識集'과 같다고 할 수 있다.

업보와 연기

불교에서 말하는 연기(緣起)란 업보의 다른 표현이다. 이것을 『별역잡아함경(202)』에서는 다음과 같이 이야기하고 있다.

> 일체중생은 모두 유위(有爲)이며 여러 인연(因緣)의 화합에 의지하여 있다. 인연(因緣)이라고 하는 것은 곧 업(業)이다.
>
> 一切衆生悉是有爲 從諸因緣和合而有 言因緣者 即是業也

지금까지 연기설과 업설은 상호 모순된 사상으로 이해되어 왔다. 이러한 이해가 공의 의미를 모호하게 한 가장 큰 원인이다. 인연은 업을 의미하기 때문에 '일체의 법은 연기한다'는 말, 즉 '일체의 법은 인연에 의하여 나타난다'는 말은 '일체의 법은 업(業)에 의하여 나타난 결과[報]'라는 말이다. 이와 같이 인연은 곧 업을 의미한다고 하는 이 경은 업설(業說)과 연기설(緣起說)이 동일한 사상의 다른 이름에 지나지 않음을 보여준다. 나의 몸[色]의 참모습은 업보(業報)이며[色卽是空], 업보가 곧 몸[空卽是色]인 것이다. 우리가 자신의 정신이나 마음이라고 생각하고 있는 감정〔受〕, 이성〔想〕, 의지〔行〕, 의식〔識〕도 마찬가지다. 우리의 몸속에 마음이나 정신이라는 영적 존재가 있어서 느끼고 생각하고 인식하는 것이 아니다. 몸과 마찬가지로 느낌과 생각과 의식도 업, 즉 삶의 결과로 나타난 업보이다.

이와 같이 우리가 자아로 여기고 있는 오온의 실상은 업보이다. 따라서 색즉시공(色卽是空)은 우리의 참모습이 업보라는 사실을 이야기한 것이다. 그렇다면 공즉시색(空卽是色)은 어떤 의미일까? 색(色)은 공(空)이기 때문에 공이 곧 색이라는 것은 너무나 당연한 논리이며, 같은 말의 반복처럼 생각된다. 그러나 『반야심경』에서 이야기하는 공즉시색은 색즉시공을 강조하기 위한 반복적 표현이 아니다.

색즉시공(色卽是空), 다시 말해서 오온이 공성(空性)이라는 사실은 논리적인 사유의 결과가 아니다. 앞에서 살펴본 『맛지마 니까야』 121. 「공성(空性)을 설하신 작은 경(Cūḷasuññata-sutta)」에서 살펴보았듯이, 공성은 차제수행(次第修行)을 통해서 체험적으로 깨달은 내용이다. 그리고 공성의 의미는 업보는 있으나 행위자로서의 자아는 없다는 것을 의미한다. 따라서 색즉시공은 색 등의 오온 속에 자아가 없다는 것을 의미한다. 그리고 공즉시색은 색 등의 오온은 업의 결과, 즉 업보라는 것을 의미한다.

이와 같이 색즉시공과 공즉시색은 형식논리적인 동의어의 반복이 아니라, 각각 다른 실천적인 의미를 갖는다. 색즉시공은 수행을 통해서 우리가 자아로 여기고 있는 것들 속에 '자아'라고 할 수 있는 존재가 없음을〔無我〕 깨닫는 것을 의미하고, 공즉시색은 이러한 무아의 깨달음에 의지하여 업을 통해서, 즉 삶을 통해서 우리도 부처님과 같은 성자가 될 수 있다는 것을〔成佛〕 의미한다. 다시 말해서 우리는 이미 존재하는 고정된 존재가 아니라, 삶을 통해서 끊임없이 스스로를 만들어가는 존재임을 의미한다.

색즉시공이기 때문에 우리는 '과거의 나'로부터 벗어날 수 있고, 공즉시색이기 때문에 우리는 무한한 가능성을 가지고 '미래의 나'를 성취할 수 있다. 과거의 어리석은 삶의 결과로 현재의 고통스러운 '나'가 있을지라도, 그 '나'는 공성이기 때문에 새로운 삶을 통해서 새로운 '나'가 될 수 있는 것이다. 이와 같이 공성의 자각은 허무에 빠지는 것이 아니라 무한한 가능성에 대한 희망을 갖게 한다. 따라서 공성을 깨달은 사람은 스스로의 삶을 설계하지 않을 수 없다. 무한한 가능성을 지녔기 때문에 '나는 어떻게 살 것인가?'라는 물음을 스스로 묻고, 스스로 답을 찾아 실천하지 않을 수 없는 것이다. 그리고 '나는 어떻게 살 것인가?'라는 물음에 대한 답이 공성을 깨달은 사람들의 발보리심(發菩提心), 즉 부처님들의 발원(發願)이다. 모든 부처님은 공성의 자각을 통해서 자신의 삶을 결정하는 발심(發心)을 하고, 이를 실천한 사람들이다. 이런 의미에서 공성(空性)은 불성(佛性)이다.

6

중생이 곧 부처다

샤리뿌뜨라여! 일체법의 공성(空性)이라고 하는

특징은 발생한 것이 아니고(anutpannā)

소멸된 것이 아니며(aniruddhā),

더러워지는 것이 아니고(amala) **깨끗해진 것이**

아니며(avimalā), **제거된 것이 아니고**(nonā)

채워진 것이 아니라오(na paripūrmāḥ).

iha Śāriputra sarva-dharmāḥ śūnyatā-lakṣaṇā anutpannā aniruddhā amalāvimalā nonā na paripūrṇāḥ.

舍利子 是諸法空相 不生不滅 不垢不淨 不增不減

공성(空性)이 불성(佛性)이다

앞에서 살펴보았듯이, 공성(空性)은 업보(業報)만 있을 뿐, 업(業)을 지어서 보(報)를 받는 존재로서의 행위자는 없다는 것을 의미한다. 그리고, 업의 결과로서 형색을 지니게 된 몸을 색(色)이라고 부른다. 바꾸어 말하면 오온의 실상은 명사(名詞)로 표현되는 행위자[作者]가 아니라 동사(動詞)로 표현되는 업보, 즉 삶이다. 모든 것은 업보로서 존재한다. 이것이 일체법이 지닌 공성이라고 하는 특징이다. 그런데 중생은 이러한 사실에 무지하여 허망한 명사적 존재, 즉 유(有)를 만들어서 생사(生死)를 인식한다. 『잡아함경(293)』에 다음과 같은 말씀이 있다.

> 세존께서 어떤 비구에게 말씀하셨습니다.
>
> "나는 의심을 극복하여 헷갈리지 않으며, 사견(邪見)의 가시를 뽑았으며, 다시 퇴전(退轉)하지 않는다오. 마음에 집착하는 것이 없는데 어디에 자아(自我)가 있겠는가?"
>
> 그 비구를 위하여 법을 설하시고, 그 비구를 위하여 현성(賢聖)이 출세하여 공(空)에 상응하고 연기(緣起)에 수순하는 법(法)을 말씀하셨습니다. 즉 이것이 있을 때 이 일이 있고, 이 일이 있을 때 이 일이

일어난다. 말하자면, 무명(無明)을 의지하여 행(行)이 있고, 내지 유(有)를 의지하여 생(生)이 있고, 생을 의지하여 노사우비뇌고(老死憂悲惱苦)가 있다. 이와 같이 순전한 큰 괴로움 덩어리가 모여서 나타난다(集起). 내지 이와 같이 순전한 큰 괴로움 덩어리가 소멸한다.

"이와 같이 설법하였는데, 그 비구는 오히려 의혹이 있어 헷갈렸다오. 그는 이전에 체득하지 못하고서 체득했다는 생각을 하고, 획득하지 못하고서 획득했다는 생각을 하고, 증득하지 못하고서 증득했다는 생각을 했었는데, 이제 가르침을 듣고 마음에 근심과 괴로움이 생기고, 후회하며 아득한 장애에 빠졌다오. 왜냐하면, 소위 연기(緣起)라고 하는 것은 매우 심오한 것인데, 일체의 취(取)를 떠나고 갈망하는 마음(愛)이 멸진한 무욕(無欲)의 고요한 열반(涅槃)은 곱절이나 더 심오하여 보기 어렵기 때문이라오.

이와 같은 두 법(法)을 유위(有爲)와 무위(無爲)라고 한다오. 유위(有爲)는 생기고(生), 머물고(住), 달라지고(異) 소멸한다오(滅). 무위(無爲)는 생기지 않고(不生), 머물지 않으며(不住), 달라지지 않고(不異), 멸하지 않는다오(不滅). 비구들이여, 이것을 '제행(諸行)은 괴로움이며, (제행의) 적멸은 열반'이라고 한다오. 인(因)이 집기(集起)하면 고(苦)가 집기하고, 인이 멸하면 고가 멸하나니, (고가 집기하는) 모든 경로를 끊어 (고의) 상속을 소멸해야 한다오. 상속이 소멸한 멸을 고의 끝(苦邊)이라고 한다오. 비구들이여, 그 어떤 것을 소멸하는가? 남아있는 고(苦)를 말한다오. 만약 그 고가 멸하고 그치면 청량하게 쉬게 되나니, 이른바 일체의 취(取)가 멸하고, 갈망하는 마음(愛)이 없어진 무욕의 고요한 열반이라오."

世尊告異比丘 我已度疑 離於猶豫 拔邪見刺 不復退轉 心無所著 故何處有我 爲彼比丘說法 爲彼比丘說賢聖出世 空相應 緣起隨順法 所謂有是故是事有是事有故是事起 所謂緣無明行緣行識緣識名色緣名色六入處緣六入處觸緣觸受緣受愛緣愛取緣取有緣有生緣生老死憂悲惱苦 如是如是純大苦聚集 乃至如是純大苦聚滅 如是說法 而彼比丘 猶有疑惑 猶豫 先不得 得想 不獲 獲想 不證 證想 今聞法已 心生憂苦 悔恨矇沒障㝵 所以者何 此甚深處 所謂緣起 倍復甚深難見 所謂一切取離愛盡無欲寂滅涅槃 如此二法 謂有爲無爲 有爲者 若生若住若異若滅 無爲者 不生不住不異不滅 是名比丘 諸行苦 寂滅涅槃 因集故苦集 因滅故苦滅 斷諸逕路 滅於相續 相續滅 滅是名苦邊 比丘 彼何所滅 謂有餘苦 彼若滅止 淸涼 息沒 所謂一切取滅愛盡無欲寂滅涅槃

부처님께서는 12연기의 유전문(流轉門)과 환멸문(還滅門)을 설하여 생사(生死)의 괴로움을 떠나 열반의 즐거움을 얻도록 가르치셨다. 이 경에 의하면, 유위(有爲)는 무명(無明)에서 연기한 허망한 망상, 즉 유전문(流轉門)을 의미하고, 무위(無爲)는 무명이 사라져서 망상이 소멸한 진실, 즉 환멸문(還滅門)을 의미한다. 그런데 아비달마불교에서는 유위와 무위를 별개의 존재로 이해하여 일체의 존재를 유위법과 무위법으로 분류했다. 그렇지만 부처님께서 말씀하신 유위(有爲)는 무명(無明)에서 비롯된 조작된 허위(虛僞)를 의미하고, 무위는 무명이 사라져 허위가 조작되지 않은 진실(眞實)을 가리킬 뿐, 유위의 존재와 무위의 존재가 있는 것이 아니다.

앞에서 이야기했듯이 모든 것의 실상, 즉 진실은 업보(業報)이다. 다시 말해서 모든 존재는 동사적(動詞的)으로 존재한다. 예를 들면, 비는 물방울이 떨어져 내리기 때문에 '비'라고 불린다. 물방울이 하늘에 떠다니면 '구름'이라고 불리고, 땅 위에 흘러가면 '강'이라고 불린다. 이와 같이 동사적인 현상에 이름을 붙여서 명사적으로 표현하고 있을 뿐, 명사적인 존재가 독자적으로 존재하는 것이 아니다. 이것이 일체법이 지닌 공성(空性)이라고 하는 특징이며 무위(無爲)이다. 그런데 중생들은 이러한 사실에 무지하여 허망한 명사적 존재, 즉 유(有)를 조작함으로써 생사(生死)의 괴로움을 겪고 있으며, 이것을 유위(有爲)라고 부른다. 이 경의 "유위(有爲)는 생기고〔生〕, 머물고〔住〕, 달라지고〔異〕, 소멸한다〔滅〕. 무위(無爲)는 생기지 않고〔不生〕, 머물지 않으며〔不住〕, 달라지지 않고〔不異〕, 멸하지 않는다〔不滅〕"라는 말은 동사적 존재, 즉 공성(空性) 가운데는 본래 생멸(生滅)이 없는데, 그것을 명사적 존재〔有〕로 만들어 집착함으로써 생멸이 나타난다는 것을 의미한다.

"일체법의 공성(空性)이라고 하는 특징은 발생한 것이 아니고(anutpannā) 소멸된 것이 아니며(aniruddhā), 더러워지는 것이 아니고(amala) 깨끗해진 것이 아니며(avimalā), 제거된 것이 아니고(nonā) 채워진 것이 아니다(na paripūrṇāḥ)"라는 『반야심경』의 말씀은 무위(無爲)를 이야기한 것이다. 여기에서 이야기하는 '일체법의 공성(空性)'은 무위를 의미한다. 그런데 『금강경』 제7 무득무설분(無得無說分)에서는

"성인(聖人)은 무위에서 출현한다"[98]고 이야기한다. 이것은 대승불교에서 무위, 즉 공성을 불성(佛性)으로 인식하고 있음을 보여준다.

부처님(Buddha)은 깨달은 사람을 의미한다. 부처님께서 깨달은 것은 일체법이 연기한다는 사실, 즉 일체법은 연기하기 때문에 자성(自性)이 없는 공성이라는 사실이다. 따라서 공성은 부처님의 본성, 즉 불성(佛性)이다. 이러한 인식에서 대승불교에서는 "모든 중생은 불성을 가지고 있다(一切衆生 悉有佛性)"고 주장했다. 오취온(五取蘊)은 중생들이 자아로 취하고 있는 것들이다. 여래도 중생과 같이 오온의 모습을 취하고 있다. 그러나 여래는 모습에 대한 관념에 머물지 않기 때문에 오취온을 자아라고 생각하지 않는다. 중생들이 자아로 생각하고 있는 오취온도 공성이고, 여래가 자아로 생각하지 않는 오취온도 공성이다. 따라서 여래의 자성과 중생의 자성은 다 같이 자성이 없는[無自性] 공성이다. 그러므로 모든 중생은 부처님과 동일한 본성, 즉 불성을 가지고 있다고 할 수 있다.

이러한 불성의 의미를 잘 보여주는 것이 세친(世親)의 『불성론(佛性論)』이다. 『불성론』에 의하면, 불성이란 주관[人]과 객관[法]의 공성이 드러난 진여(眞如)이다.[99] 한마디로 말하면 무위의 공성을 진여, 불성이라고 한다.[100]

---

98 asaṃskṛta-prabhāvitā hy ārya-pudgalāḥ(一切賢聖 皆以無爲法而有差別)

99 佛性者 即是人法二空所顯眞如

100 〈질문〉 부처님은 왜 '불성'을 말씀하셨는가?[佛何因緣說於佛性]
〈답변〉 여래는 5가지 과실을 없애고 5가지 공덕이 생기도록하기 위하여 "일체중생은 모두 불성이 있다"라고 말씀하셨다. 5가지 과실을 없애도록 한다는 것은, ① 중생으로 하여금 열등감[下劣心]을 버리도록[一爲令衆生離下劣心故], ② 하품인(下品人)을 깔보는 교만에서 벗어나도록[二爲離慢下品人故], ③ 허망한 집착에서 벗어나도록[三爲離虛妄執故], ④ 진실법(眞實法)을 비방하지 않도록[四爲離誹謗眞實法故], ⑤ 아집(我執)에서 벗어나도록[五爲離我執故] 한다는 것이다.

① 중생으로 하여금 열등감[下劣心]을 버리도록 한다. :

중생들이 부처님께서 "불성이 있는 도리를 말씀하셨다"는 것을 듣지 못하면, 자신이 반드시 깨달을 수 있다는 것을 알지 못하기 때문에 자기 자신에 대하여 열등감을 일으켜 "깨달아야겠다"라는 마음을 일으키지 못한다. 그래서 열등감을 버리고 발심(發心)하도록하기 위해서 "중생은 모두 불성을 가지고 있다"라고 말씀하셨다.[有諸衆生未聞佛說有佛性理 不知自身必當有得佛義故 於此身起下劣想 不能發菩提心 今欲令其發心 捨下劣意故說衆生悉有佛性]

② 하품인(下品人)을 깔보는 교만에서 벗어나도록 한다. :

만약에 어떤 사람이 "중생은 불성을 가지고 있다"라는 부처님의 말씀을 듣고, 그로 인하여 발심한 후에 "나는 불성이 있기 때문에 발심할 수 있었다"라고 가벼이 교만한 마음을 일으켜 "다른 사람은 발심할 수 없다"라고 말한다면, 이런 집착을 깨도록 부처님께서 "중생은 모두 불성을 가지고 있다"라고 말씀하셨다.[若有人曾聞佛說衆生有佛性故 因此發心 旣發心已 便謂我有佛性故能發心 作輕慢意 謂他不能 爲破此執故 佛說一切衆生皆有佛性]

〈③ ④ ⑤ 생략〉

이상의 5가지를 인연으로 하여 부처님께서는 불성이 5가지 공덕을 낳는다고 말씀하셨다. 5가지 공덕이란, ① 바른 노력을 하려는 마음을 일으킨다.[一起正勤心] ② (다른 사람을) 공경하게 된다.[二生恭敬事] ③ 통찰지[般若]가 생긴다.[三生般若] ④ 사나(闍那, jñāna, 바른 지식)가 생긴다. [四生闍那] ⑤ 대비(大悲)가 생긴다.[五生大悲]

5가지 공덕으로 말미암아 5가지 과실을 바꿀 수 있다. :

바르게 노력함으로써 열등감이 바뀐다.[由正勤故 翻下劣心]

(다른 사람을) 공경함으로써 가볍고 교만한 마음이 바뀐다.[由恭敬故 翻輕慢意]

반야(般若)로 통찰함으로써 (오온을 자아라고 생각하는) 망상에 대한 고집이 바뀐다.[由般若故 翻妄想執]

사나(闍那)가 생김으로써 실지(實智)와 제공덕(諸功德)이 드러나기 때문에 진실한 가르침을 비방하지 않게 된다.[由生闍那 能顯實智及諸功德故 翻謗眞法]

대비심(大悲心)으로 말미암아 모든 중생을 평등하게 자애(慈愛)하기 때문에 아집(我執)이 바뀐다.[由大悲心 慈念平等故翻我執]

중생이 곧 부처다

1

이와 같이 대승불교에서는 공성을 불성이라고 하며, '모든 중생은 불성을 가지고 있다'는 말은 여래의 자성이 곧 중생의 자성이며, 여래의 무자성(無自性)이 곧 중생의 무자성이라는 말과 다르지 않다. 우리는 모두 자성이 없는 공성이기 때문에 우리가 원하는 것을 성취할 수

아집이 바뀐다 함은[翻我執者] 불성으로 말미암아 '일체중생이 둘[나와 남, 주관과 객관, 人法]이 아니라는 것'을 관(觀)하여 자기를 애착하는 마음을 쉬고[由佛性故觀 一切衆生 二無所有 息自愛念], '일체중생은 인법(人法) 두 가지 공(空)에 포섭되는 일체의 공덕을 성취했다'는 것을 관(觀)하여 다른 사람에 대해 사랑하는 마음을 일으킨다.[觀諸衆生 二空所攝 一切功德而得成就 是故於他而生愛念]

반야(般若)로 말미암아 자기에 대한 애착이 없어지고, 대비(大悲)로 말미암아 남을 사랑하는 마음이 생긴다.[由般若故 滅自愛念 由大悲故 生他愛念]

반야로 말미암아 범부의 집착을 버리고, 대비(大悲)로 말미암아 이승(二乘)의 집착을 버린다.[由般若故 捨凡夫執 由大悲故 捨二乘執]

반야(般若)로 말미암아 열반을 버리지 않고, 대비(大悲)로 말미암아 생사(生死)를 버리지 않는다.[由般若故 不捨涅槃 由大悲故 不捨生死]

반야로 말미암아 불법(佛法)을 성취하고, 대비(大悲)로 말미암아 중생을 성숙시킨다.[由般若故 成就佛法 由大悲故 成熟衆生]

두 가지 방편[반야와 대비]으로 말미암아 무주처(無住處)에 머물러 뒤로 물러섬이 없이 곧바로 보리[깨달음]를 증득하며, 5가지 과실을 없애고 5가지 공덕을 낳는다. 이상과 같은 이유에서 부처님은 "모든 중생은 불성이 있다"라고 말씀하셨다.[由二方便 住無住處 無有退轉 速證菩提 滅五過失 生五功德 是故佛說一切衆生皆有佛性] 대정장 14, p. 787.

있다. 만약에 부처는 부처의 자성이 있고, 중생은 중생의 자성이 있다면, 좋든 싫든 부처는 부처로 살아야 하고, 중생은 중생으로 살아야 한다. 그러나 자성이 없기 때문에 누구나 부처님처럼 살아가면 부처님이 될 수 있다. 여래의 행동[業]을 하면 여래[報]이고, 중생의 행동[業]을 하면 중생[報]일 뿐, 여래 노릇을 하도록 정해진 존재[作者]도 없고, 중생 노릇을 하도록 정해진 존재[作者]도 없다. 업보만 있을 뿐 행위자는 없다. 부처님은 반야(般若)와 대비(大悲)로 살아간다. 누구나 반야와 대비로 살아가면 부처님과 다를 바가 없다. 이것이 "모든 중생은 불성이 있다"라는 말의 의미다. 한마디로 말해서, 오온을 자아라고 생각하는 망상을 버리면 '중생이 곧 부처다'라는 말씀이다.

"일체법의 공성(空性)이라고 하는 특징은 발생한 것이 아니고(anutpannā) 소멸된 것이 아니며(aniruddhā), 더러워지는 것이 아니고(amala) 깨끗해진 것이 아니며(avimalā), 제거된 것이 아니고(nonā) 채워진 것이 아니다(na paripūrṇāḥ)"라는 말씀은 '일체법의 공성이라고 하는 특징(sarva-dharmāḥ śūnyatā-lakṣaṇā)'을 현장이 '이 모든 법의 비어있는 모습(是諸法空相)'으로 번역함으로써 본래의 의미가 가려졌다. 이 부분에서 강조되어야 할 것은 '공성(空性)이라는 특징(śūnyatā-lakṣaṇā)'이다. 그리고 공성(空性)은 불성(佛性)을 의미하기 때문에 '일체법의 공성이라고 하는 특징(sarva-dharmāḥ śūnyatā-lakṣaṇā)'은 '일체 중생이 가지고 있는 불성(佛性)이라고 하는 특징'의 의미로 해석되어야 한다. 이렇게 해석하면, '是諸法空相 不生不滅 不垢不淨 不增不減'은 다음과 같은 의미로 해석된다.

일체중생의 불성(佛性)이라고 하는 특징은 (수행을 하여) 생긴 것이 아니고〔不生, anutpannā〕, (번뇌가) 소멸된 것이 아니며〔不滅, aniruddhā〕, (번뇌에 의해서) 더러워지는 것이 아니며〔不垢, amala〕, (수행을 통해서) 깨끗해진 것이 아니며〔不淨, avimalā〕, (번뇌가) 제거된 것이 아니며〔不減, nonā〕, (공덕이) 채워진 것이 아니다.〔不增, na paripūrṇāḥ〕

불성(佛性)은 모든 존재의 본성이지, 수행을 통해서 새로 생긴 것이거나 없어지는 것이 아니며〔不生不滅〕, 번뇌와 같은 더러운 것을 제거하여 이루어지는 것이 아니며〔不垢不淨〕, 수행을 통해서 어떤 것을 채우거나 없애서 된 것이 아니다〔不增不減〕. 육조(六祖) 혜능(慧能)이 말하는 돈오돈수(頓悟頓修)는 이것을 이야기한 것이다.

돈오돈수의 의미는 『육조단경(六祖壇經)』에 나오는 신수(神秀)와 혜능의 게송(偈頌)을 비교하면 잘 드러난다. 『육조단경』에 의하면 홍인(弘忍)이 대중에게 각자의 깨달은 경지를 보이라고 하자, 신수는 다음과 같은 게송을 제시한다.

몸은 깨달음을 이루는 나무이고, 마음은 밝은 거울과 같다네.
수시로 부지런히 털어내서 때와 먼지가 끼지 않도록 해야 한다네.

身是菩提樹 心如明鏡臺 時時勤拂拭 莫使有塵埃[101]

---

101 정성본 역주, 『돈황본 육조단경』(한국선문화연구원, 2003), p. 54. 필자 역.

이것은 불교수행을 점수(漸修)로 본 것이다. 중생의 마음은 본래 청정한데 번뇌의 먼지가 있어서 더렵혀져 있으므로 먼지를 털어내서 항상 깨끗한 상태를 유지하도록 해야 한다는 것이 점수의 입장이다. 이러한 점수론(漸修論)은 마음의 실상을 공성으로 보지 않고, 본래 청정한 어떤 실체로 본다. 그러나 일체법의 공성을 깨달은 입장에서 보면, 선정과 지혜를 닦을 때 그를 수행자라고 부를 뿐〔有業報〕, 선정과 지혜를 수행하는 행위자로서의 수행자는 없다〔無作者〕. 신수(神秀)의 게송을 반박하는 혜능의 게송은 이것을 드러낸 것이다.

> 깨달음은 본래 나무에서 열리는 열매 같은 것이 아니라네.
> 사물을 인식하는 마음도 거울처럼 있는 것이 아니라네.
> 본래 한 물건도 없는데 (불성은 항상 청정하거늘)[102]
> 어느 곳에 때와 먼지가 있다는 말인가?
>
> 菩提本無樹 明鏡亦無臺 本來無一物(佛性常清淨) 何處有塵埃(何處惹塵埃)[103]

일체법, 즉 오온(五蘊)이 본래 공성(空性)임을 깨달아서 그것을 자

---

102 여타의 유통본(流通本)에는 '佛性常清淨'이 '本來無一物'로 '何處有塵埃'는 '何處惹塵埃'로 되어있다.

103 정성본 역주, 『돈황본 육조단경』(한국선문화연구원, 2003), p. 54. 필자 역.

아로 취하지 않고 살아가는 것이 수행이지, 전생의 업장을 모두 소멸하거나, 쌓여있는 번뇌를 깨끗이 씻어내는 것이 수행이 아니다. 이것이 '중생이 곧 부처'라는 말의 의미이고, 육조 혜능의 돈오돈수(頓悟頓修)이다. 이것은 비단 대승불교와 선불교(禪佛教)의 입장이 아니라, 『니까야』에서 확인되는 부처님의 근본 가르침이다.

❖

생명은 본래 생사(生死)가 없다

|

모든 생명은 공성(空性)이다. 즉 행위자〔作者〕로 존재하는 것이 아니라 업보(業報)로 살아간다. 이것이 생명의 실상이다. 미국의 생물학자 린 마굴리스(Lynn Margulis)는 『생명이란 무엇인가』라는 책에서 다음과 같이 말한다.

> 생명은 물질처럼 일반적인 물리화학적 특징을 나타내지만 뭔가 다른 점이 있다. 이를테면 해변의 모래는 대개 이산화규소이다. 컴퓨터의 내부구조 역시 그러하다. 그러나 컴퓨터는 모래더미가 아니다. 생명은 화학성분에 의해서가 아니라 그 화학물질들의 작용에 따라 구별되는 것이다. 따라서 "생명이란 무엇인가?"라는 질문은 언어적 모순이다. 문법에 맞게 대답하려면 명사, 즉 구체적인 사물을 들어야 할 것이다. 그러나 지구상의 생명은 오히려 동사(verb)에 더욱 가깝다. 생명은 자신을 수선하고 유지하며 다시 만들고 자신을 능가한다.[104]

---

104 린 마굴리스, 도리언 세이건, 『생명이란 무엇인가』, 황형숙 옮김(지호, 1999), pp. 33~34.

생명은 명사(名詞)로 표현되는 존재가 아니라 동사(動詞)로 표현되는 삶이다. 이러한 생명은 독자적으로 존재하는 것이 아니라 다른 생명과의 연결 속에서 삶을 영위한다. 따라서 생명을 개별적인 존재로 보아서는 안 된다. 그런데 우리는 마치 생명체의 몸속에 개별적인 정신적 실체, 즉 영혼이나 마음이 존재하면서 살고 있는 것으로 생각한다. 그런데 오스트리아의 물리학자 슈뢰딩거(Erwin Schrödinger)는 『생명이란 무엇인가』에서 다음과 같이 이야기한다.

> 의식은 스스로가 한정된 공간을 차지하는 물질의 구체적 상태, 즉 신체와 긴밀하게 연결되어 있으며, 또 그것에 의존해 있다는 사실을 알아차린다. 이렇게 되면 한 사람에게도 비슷한 신체가 여러 개 존재하는 셈이 된다. 이에 따라 의식 또는 정신도 여러 개가 있을 수 있다는 가설은 매우 그럴듯해 보인다. 서양철학자의 대부분은 물론이고 아마도 단순하고 평범한 사람이면 누구나 이러한 생각을 받아들여 왔을 것이다.
>
> 그러한 사상에 따라 신체의 수만큼 영혼도 많다는 생각이 생겼고, 그 영혼들이 신체처럼 사멸할 운명인지 아니면 영생불멸하며 스스로 존재할 수 있는 것인지 하는 질문이 즉시 던져졌다. … 그에 따라 훨씬 어리석은 질문이 생겨났다. 동물에게도 영혼이 있는가? 여성 또는 남성만이 영혼을 갖는 것은 아닌가 하는 질문마저도 생겨났다. … 우리가 계속해서 영혼의 다수성에 대한 소박한 생각을 고집한다면 터무니없는 짓이 되지 않을지? … 여기에서 가능한 대안은

그저 의식은 한 가지로 경험되며 그것의 다수성은 알려져 있지 않다는 직접적인 경험을 견지하는 것뿐이다. 다시 말해 오직 한 가지만 있을 뿐, 여러 가지가 있는 것처럼 보이는 것은 속임수(Māra)에 의해 생기는 한 가지 사물의 여러 다른 측면일 따름이라는 것이다. … 그렇지만 우리 각자는 자기 자신의 독특한 모든 경험과 기억을 통해 개성적인 그 무엇, 다른 누구와도 구별되는 그 무엇을 이루고 있다는 명확한 생각을 가지고 있다. 우리 각자는 그것을 '나'라고 부른다. 그러면 대체 이 '나'는 무엇인가?

그것을 세밀하게 분석하면, 내가 생각하기에, 여러분은 그것이 경험과 기억이라는 개개 자료의 모임, 다시 말해 그러한 자료들을 모아놓은 캔버스일 뿐이라는 사실을 알게 될 것이다. 그리고 여러분은 철저히 자기성찰을 함으로써 '나'의 진정한 뜻은 여러 가지 새로운 자료가 쌓이는 바탕 재료라는 점을 알게 될 것이다. … 그렇지만 인생에 단절은 없다. 삶 속의 죽음이란 없는 것이다. … 어떤 경우에도 애도해야 할 개인적인 존재의 소실은 없다. 언제까지나 없을 것이다.[105]

우리가 몸속에 개별적인 영혼이나 정신을 가지고 있다고 생각하는 것은 의식에 의한 분별 때문이라는 것이다. 그러나 사물을 인식하

105 E. 슈뢰딩거, 『생명이란 무엇인가』, 서인석, 황상익 옮김(서울:한울, 1992), pp. 140~143.

는 의식은 몸속에 있는 실체가 아니며, 그것이 생명의 실체도 아니다. 모든 생명은 서로 연결된 한 생명이다. 린 마굴리스는 다음과 같이 이야기한다.

> 여러분은 여러분의 세포에서 초기 지구의 과정을 구체화하고 있는 것이다. 세포를 유지하는 자기 생산시스템의 고장은 곧 죽음이다. 만일 한 세포가 자기 생산을 멈춘다면 그 세포는 죽는다. 다세포 생물은 보다 큰 유기체의 자기 생산적 활동이 우세하여 잘못된 세포들을 대체할 수 있다. 만약 구성 세포들이 과다하게 죽는다면, 보다 큰 신체의 물질대사도 멈추게 되고 죽음이 뒤따른다. 자기 유지를 계속하는 세포나 유기체는 자랄 것이고, 번식하라는 명령이 뒤따를 것이다. 맨눈으로는 명확하게 알 수 없지만, 세포의 물질대사는 결코 멈추는 법이 없다. 양분의 섭취, 에너지 전환, DNA와 RNA, 단백질 합성과 같은 화학적 변환이 세포와 세포로 이루어진 모든 생물에서 끊임없이 일어나고 있는 것이다.[106]
>
> 죽음은 아주 객관적인 의미에서 보면 환상이다. 생화학적인 존속으로 우리는 30억 년이라는 긴 시간을 지내면서도 죽지 않았다. 산맥과 바다, 심지어 초대륙이 생성되었다 사라졌어도 우리는 살아남았다.[107]

---

106 린 마굴리스, 앞의 책, pp. 114~115.

107 위의 책, p. 116.

세포 하나하나의 입장에서 보면, 우리의 몸은 수많은 세포가 죽고 새로 태어나고 있다. 그러나 우리의 몸은 죽지 않는다. 우리 개개인의 몸은 보다 큰 인류라는 생명의 구조에서 보면 하나의 세포와 같다. 개인의 몸은 죽고 새로 태어나지만, 인류는 죽지 않고 살아간다. 이와 같이 온 우주를 하나의 생명으로 보면, 그 속에서 태어나고 죽는 것은 세포를 대체하는 것일 뿐이다. 우리 몸의 세포들이 우리의 몸을 떠나서는 존재할 수 없듯이, 우리 개개인은 인류를 떠나서는 존재할 수 없고, 인류는 다른 생물들을 떠나서는 존재할 수 없다. 이와 같이 모든 생명은 개체적으로 존재하는 것이 아니라 한 생명이라는 큰 생명 속에서 다양한 모습으로 살아갈 뿐이다. 따라서 이러한 생명에 결코 죽음은 없다.

『대승기신론』에서는 이러한 생명의 실상을 다음과 같이 이야기한다.

> 진여(眞如)의 자체상(自體相)은 일체의 범부(凡夫), 성문(聲聞), 연각(緣覺), 보살(菩薩), 제불(諸佛)의 증감(增減)이 없다. 전생에서 현생으로 태어나는 것도 아니고, 현생에서 내생으로 갈 때 죽어 없어지는 것도 아니다.
>
> 眞如自體相者 一切凡夫聲聞緣覺菩薩諸佛 無有增減 非前際生 非後際滅

진여(眞如)란 생명의 실상이다. 진여의 본성은 중생이라고 해서 줄어들거나 불보살(佛菩薩)이라고 해서 늘어나는 것이 아니다. 범부라고 해서 생사가 있고, 부처님이라고 해서 생사가 없는 것이 아니다. 중생이든 부처님이든 본래부터 생사가 없다. 다만 중생들은 진여의 실상을 보지 못하고, 부처님은 그 실상을 여실하게 깨달았을 뿐이다. 『반야심경』에서 제법(諸法)의 공상(空相)은 불생불멸(不生不滅)이고, 불구부정(不垢不淨)이고, 부증불감(不增不減)이라고 한 것은 이러한 생명의 실상을 이야기한 것이다.

7

공성空性을 깨달으면 망상妄想이 사라진다

그러므로 공성(空性) 가운데는 (자아라고 할 수 있는)
형색(色)이 없고, 느끼는 마음(受)이 없고,
생각하는 마음(想)이 없고, 조작하는 마음(行)이 없고,
분별하는 마음(識)이 없고, (주관이라고 할 수 있는)
안이비설신의(眼耳鼻舌身意)가 없고, (객관이라고 할 수 있는)
색성향미촉법(色聲香味觸法)이 없고,
안계(眼界)가 없고, 내지 의식계(意識界)까지 없다오.

tasmāc Chāriputra śūnyatāyāṃ na rūpaṃ na vedanā na saṃjñā na saṃskārā na vijñānaṃ. na cakṣuḥ-śrotra-ghrāṇa-jihvā-kāya-manāṃsi, na rūpa-śabda-gandha-rasa-spraṣṭavya-dharmāḥ, na cakṣur-dhātur yāvan na mano-vijñāna-dhātuḥ.

是故 空中無色 無受想行識 無眼耳鼻舌身意 無色聲香味觸法 無眼界 乃至 無意識界

아비달마의 법상관(法相觀) 비판

많은 사람들이 이 부분을 이해하는 데 어려움을 느낀다. '공 가운데는 몸도 없고, 마음도 없고, 눈도 없고, 귀도 없고, 색도 없고, 소리도 없다'는 말이 도대체 무슨 의미일까? 어쩌면 『반야심경』은 이렇게 난해하기 때문에 매력이 있는지도 모른다. 그러나 알고 보면 이 말씀은 그렇게 어렵거나 신비한 내용이 아니다.

색수상행식(色受想行識)은 오온(五蘊)을 의미하고, 안이비설신의(眼耳鼻舌身意)와 색성향미촉법(色聲香味觸法)은 십이입처(十二入處)를 의미한다. 그리고 안계(眼界) 내지 의식계(意識界)는 십팔계(十八界)를 의미한다. 이 모든 것은 부처님께서 말씀하신 법문이다. 그런데 이것이 없다는 『반야심경』의 말씀은 부처님의 가르침을 부정하는 것처럼 보인다.

제1장에서 살펴보았듯이, 아비달마불교에서는 '부처님의 가르침은 유위(有爲), 고(苦)로 표상되는 경험상의 존재[有, bhāva]를 존재로서 성립, 생성하게끔 하는 각종 조건을 논리적으로 분석 판별하여 우리에게 가르친 것[諸法分別]'이라고 이해했으며, 그렇게 분석되어진 모든 요소는 존재를 구성하는 객관적이고도 개별적인 요소[別法, pṛthag dharma]로 보았다. 그리고 이 법들이 과거·현재·미래의 삼세에 걸쳐

실재한다는 것이 설일체유부(說一切有部)의 법상관(法相觀)이다.

『반야심경』의 이 부분은 이러한 법상관을 비판한 것이다. 우리가 언어로써 인식하는 요소, 즉 법(法, dharma)은 실재가 아니며, 부처님께서 중생들이 실체로 집착하는 것들이 무자성(無自性)이며 공(空)이라는 것을 깨닫도록 가르친 방편에 지나지 않는다. 따라서 가르침의 의미를 이해하고 실천하여 일체법의 공성(空性)을 체득한 사람들에게 이 법들은 사라진다. 그런 의미에서 공성 가운데는 오온(五蘊), 십이입처(十二入處), 십팔계(十八界)가 없다고 한 것이다.

『맛지마 니까야』 38. 「갈망하는 마음(愛)의 소멸 큰 경(Mahātaṇhāsaṅkhaya-sutta)」에 의하면, '싸띠(Sāti)'라는 비구는 부처님의 가르침을 잘못 이해하여 우리의 몸속에 변함없이 존재하는 식(識)이 있어서 그것이 윤회한다고 생각하고 있었다. 이런 생각을 버리지 않고 고집하는 싸띠 비구에게 부처님께서 "그대가 이야기하는 식은 어떤 것인가?"라고 물었다. 싸띠는 "세존이시여, 이 식은 말하는 자이며, 느끼는 자이며, 선악업(善惡業)을 지어 그 과보를 받는 자입니다"라고 대답했다. 그러자 세존께서는 싸띠를 크게 꾸짖으시고, 다음과 같이 말씀하셨다.

> 비구들이여, 어떤 조건〔緣〕에 의지하여 분별하는 마음〔識〕이 생기면, 그것에 의하여 그것으로 명칭을 붙인다오.[108] 시각활동〔眼〕과 형색〔色〕에 의지하여 분별하는 마음이 생기면, 시각의식〔眼識〕이라는 명

---

108 'yañ-ñad-eva paccayaṃ paṭcca uppjjati viññāṇaṃ tena ten' eva saṅkhaṃ gacchati'의 번역.

칭을 붙이고, 청각활동〔耳〕과 소리〔聲〕에 의지하여 분별하는 마음이 생기면, 청각의식〔耳識〕이라는 명칭을 붙이고, 후각활동〔鼻〕과 냄새〔香〕에 의지하여 분별하는 마음이 생기면, 후각의식〔鼻識〕이라는 명칭을 붙이고, 미각활동〔舌〕과 맛〔味〕에 의지하여 분별하는 마음이 생기면, 미각의식〔舌識〕이라는 명칭을 붙이고, 촉각활동〔身〕과 촉감〔觸〕에 의지하여 분별하는 마음이 생기면, 촉각의식〔身識〕이라는 명칭을 붙이고, 마음〔意〕과 법(法)에 의지하여 분별하는 마음〔識〕이 생기면, 의식(意識)이라는 명칭을 붙인다오. 비구들이여, 비유하자면 어떤 조건〔緣〕에 의지하여 불이 타면, 그것에 의하여 그것으로 명칭을 붙이는 것과 같다오. 장작에 의지하여 불이 타면 장작불이라는 명칭을 붙이고, 장작개비에 의지하여 불이 타면 장작개비불이라는 명칭을 붙이고, 건초에 의지하여 불이 타면 건초불이라는 명칭을 붙이고, 쇠똥에 의지하여 불이 타면 쇠똥불이라는 명칭을 붙이고, 왕겨에 의지하여 불이 타면 왕겨불이라는 명칭을 붙이고, 쓰레기에 의지하여 불이 타면 쓰레기불이라는 명칭을 붙이는 것과 같다오. 비구들이여, 이와 같이 어떤 조건〔緣〕에 의지하여 분별하는 마음〔識〕이 생기면, 그 조건에 의하여 그것으로 명칭을 붙인다오.[109]

우리는 대부분 태어나서 죽을 때까지 몸을 가지고 살아가며, 그 속에 보고, 듣고, 생각하고 업을 지으며 살아가는 마음이나 의식(意識)

109 이중표, 『정선 맛지마 니까야(상)』, pp. 290~291.

이 존재하고 있다고 믿고 있다. 그리고 마음이나 의식은 몸이 죽어도 죽지 않고, 다음 세상에 가서 다시 태어날 것이라고 생각한다. 이 경에서 부처님은 이러한 우리의 생각이 잘못된 것이라고 말씀하신 것이다.

우리의 삶 속에 변함없이 존재하는 자아(自我)는 없다. 그것이 몸이든, 마음이든, 자아라고 할 수 있는 것은 없는 것이다. 그렇다고 해서 우리의 삶이 없는 것은 아니다. 지속하는 자아 없이 여러 인연을 지으며 살아가는 것이 우리의 참모습이다. 우리는 업보로 존재할 뿐, 업을 지어 그 과보를 받는 존재가 아니다. 우리가 자아로 집착하고 있는 오온은 업, 즉 삶의 결과로 나타난 과보이다. 우리가 어떻게 살아가는가에 따라 우리의 몸과 마음은 끊임없이 변해간다. 삶을 통해 새로운 오온이 끊임없이 상속하고 있는 것이다. 부처님은 이러한 우리의 모습을 무아(無我)라고 말씀하셨고, '업보는 있으나 행위자는 없다'는 것이 공(空)의 의미라고 말씀하셨다.

이러한 우리의 삶을 『반야심경』에서는 '공중무색(空中無色) 무수상행식(無受想行識)'이라고 하고 있다. 우리의 삶 속에 삶을 살고 있는 행위자[作者]로서의 몸[色]도 없고, 마음[受想行識]도 없다는 것이다. 우리는 보고 듣는 지각행위를 하는 주관적 자아[眼耳鼻舌身意]와 보이고 들리는 객관적 대상[色聲香味觸法]이 개별적으로 존재하는 세상에서 살고 있다고 생각한다. 이러한 생각이 십이입처(十二入處)이다. 우리가 실재하는 자아와 세계, 즉 세간으로 생각하고 있는 오온은 이러한 십이입처에서 연기한 것이다. 십이입처에서 오온이 연기하는 과정을 설명한 것이 십팔계(十八界)와 십이연기(十二緣起)이며, 십이연기의 유전문과 환멸문을 통해서 괴로움의 생성과 소멸을 보여주는 교리가 사성제이다. 이것이 부처님께서 우리에게 가르친 가르침이다. 그런데 아비달마에서는 이러한 십이입처, 십팔계, 오온을 각기 독립적인 제법분별(諸法分別)의 과목으로 보고 이들을 삼과(三科)라고 불렀으며, 이것을 중심으로 복잡한 이론을 만들어 대립했다. 『반야심경』은 이것을 비판하고 있다.

일체는 십이입처다

불교의 바른 이해는 십이입처에 대한 바른 이해에서 시작된다. 그런데 지금까지 십이입처는 육근(六根)과 육경(六境)을 의미한다고 이해되고 있다. 이러한 이해는 아비달마의 해석을 따르는 것으로서 올바른 이해가 아니다. 십이입처를 육근과 육경, 즉 우리의 지각기능과 지각대상으로 이해하기 때문에 안이비설신의(眼耳鼻舌身意)가 없고 색성향미촉법(色聲香味觸法)이 없다는 『반야심경』의 말씀을 눈도 없고, 귀도 없고, 색도 없고, 소리도 없다는 의미로 해석하게 된다. 그 결과 『반야심경』은 알아들을 수 없는 궤변이 된다.

어떤 철학이든 그 철학의 성격을 이해하는 데 핵심이 되는 개념이 있다. 그 개념이 오해되면 그 철학은 전체적으로 왜곡된다. 불교도 마찬가지다. 불교를 바르게 이해하기 위해서는 불교의 특징을 결정하는 핵심개념의 의미를 정확하게 파악해야 한다. 그런데 불교는 핵심개념의 오해로 인해 왜곡된 역사를 지니고 있다. 그리고 그 역사는 현재에도 진행 중이다.

부처님의 가르침, 즉 초기불교의 성격을 결정하는 핵심개념은 무엇일까? 초기불교의 텍스트인 『아함경』과 『니까야』에는 12연기(十二

緣起), 5온(五蘊), 12입처(十二入處), 18계(十八界), 법(法), 공(空), 무상(無常) 등 불교 특유의 수많은 개념이 있다. 이 개념을 통해서 부처님께서는 자신의 깨달음을 우리에게 보여주고 있다. 따라서 우리는 이 개념들의 의미를 정확하게 이해해야만 초기불교를 바르게 이해할 수 있다. 그런데 이 개념들이 왜곡되어 있다. 그리고 이 왜곡은 '일체(一切, sarva)'라는 개념의 왜곡에서 비롯된 것이다.

아비달마불교 이래로 현재에 이르기까지 '일체(一切)'는 '일체의 존재'를 의미하는 것으로 이해되고 있다. 불교사전들은 이러한 이해를 그대로 보여줄 뿐, '일체'에 대하여 특별한 의미를 부여하지 않고 있다. 예를 들면, 운허 용하의 『불교사전』에서는 '일체'에 대하여 '만물의 전체, 곧 온갖 것', '모든 것, 온통의 뜻'의 2종으로 구분하고 있다. 사물의 전체를 말할 때의 일체[全分의 一切]와 제한된 범위의 전부를 말하는 일체[少分의 一切]"로 설명한 것이다. 다른 사전들의 설명도 이와 크게 다르지 않다.

이러한 기존의 이해는 '일체(一切)'를 '일체법(一切法)'과 동일시한 아비달마불교의 견해를 답습한 것이다. 아비달마불교는 '일체'를 '일체법'과 동일시하고, '일체법'을 '일체유(一切有)'와 동일시하였다. 이와 같이 불교의 핵심개념인 '법(法, dharma)'을 '유(有, bhāva)'와 동일시함으로써, 아비달마불교는 부처님의 가르침을 크게 왜곡하였다. 그리고 그 왜곡은 지금까지 계속되고 있다. 따라서 지금까지 무시되고 있는 '일체'와 '일체법', 그리고 '법(法)'과 '유(有)'의 의미의 차이를 밝혀, 아비달마불교에 의해서 왜곡된 초기불교를 바르게 이해해야만 불교를 바르게 이해할 수 있다.

『잡아함경』의 「319경」, 「320경」, 「321경」은 '일체', '일체유', '일체법'이 각기 다른 의미라는 것을 보여주고 있다. 이들 세 경의 분석을 통해 '일체', '일체유', '일체법'의 의미의 차이를 살펴보자.

먼저 「319경」은 다음과 같다.

이와 같이 나는 들었습니다. 한때 부처님께서 사위국 기수급고독원에 계시었습니다. 그때 생문(生聞)이라는 바라문이 부처님 계신 곳으로 찾아와 함께 인사를 나누고 자리에서 물러나 한쪽에 앉은 후에 부처님에게 물었습니다.

"구담(瞿曇)이시여, 일체(一切)에 대하여, 어떤 것을 일체라고 주장합니까?"

부처님께서 바라문에게 말했습니다.

"나는 '일체는 십이입처(十二入處)'라고 말합니다. 안(眼)과 색(色), 이(耳)와 성(聲), 비(鼻)와 향(香), 설(舌)과 미(味), 신(身)과 촉(觸), 의(意)와 법(法), 이것을 일체라고 부릅니다. 만약 '이것은 일체가 아니다. 나는 사문 구담이 말한 일체를 버리고 다른 일체를 주장한다'고 한다면 그러한 주장은 단지 언설(言說)만 있을 뿐이어서, 의문이 있어도 알 수 없고 의혹만 늘어날 것입니다. 왜냐하면, 그 주장은 우리가 인식할 수 있는 것이 아니기 때문입니다."

如是我聞 一時 佛住舍衛國祇樹給孤獨園時 有生聞婆羅門往詣佛所 共

相問訊 問訊已 退坐一面 白佛言 瞿曇 所謂一切者 云何名一切 佛告婆羅門 一切者 謂十二入處 眼色 耳聲 鼻香 舌味 身觸 意法 是名一切 若復說言此非一切 沙門瞿曇所說一切 我今捨 別立餘一切者 彼但有言說 問已不知 增其疑惑 所以者何 非其境界故

부처님에게 질문한 생문(生聞)은 우파니샤드를 익힌 바라문이다. 따라서 생문 바라문과의 대화를 담고 있는 이 경은 우파니샤드와의 관계 속에서 고찰해야 한다. 「319경」에서 생문 바라문이 질문한 '일체'의 의미는 찬도갸 우파니샤드(Chāndogya Upaniṣad)에 나타난다.

실로 일체(一切, sarva)는 브라만(Brahman)이다. 모든 것은 브라만에서 생겨나, 브라만으로 돌아가며, 그 안에서 존속하고 있다.

(sarvaṃ khalv idaṃ brahma, tajjalān iti)[110]

여기에서 'sarva', 즉 '일체'는 단순히 '모든 것'을 의미하는 것이 아니라 '이 세상 모든 것의 근원'을 의미한다. 우파니샤드에서는 브라만(Brahman)을 세계의 근원으로 보기 때문에 "일체는 브라만"이라고 이야기한 것이다. 이와 같이 우파니샤드에서 '일체'는 이 세상 모든 것의 근원이 되는 형이상학적 실체인 브라만을 의미한다.

생문 바라문은 부처님에게 세상 모든 것의 근원이 되고, 궁극적

110 Radhakrishnan, *The Principal Upaniṣads*(London: George Allen & Unwin, 1968), p. 391.

으로 모든 것의 귀착점이 되는 '일체(一切)', 즉 우파니샤드의 브라만과 같은 세계의 근원적 존재에 대하여 물은 것이다. 이에 대한 부처님의 대답이 십이입처이다. 따라서 "일체는 십이입처"라는 부처님의 말씀은, '세상의 모든 존재는 십이입처에 포섭된다'는 의미가 아니라, '세상의 모든 존재는 십이입처에서 비롯된다'는 의미이다.

「320경」은 이러한 부처님의 대답에 대하여 우파니샤드 철학자가 물을 수밖에 없는 당연한 질문이다.

"구담이시여, '일체유(一切有)'에 대하여, 어떤 것을 '일체유'라고 주장합니까?"

부처님께서 생문 바라문에게 말했습니다.

"내가 이제 그대에게 묻겠으니 그대의 생각대로 나에게 대답하시오. 바라문이여, 어떻게 생각합니까? 안(眼)은 있습니까, 없습니까?"

(바라문이) 대답했습니다. "사문 구담이시여, 그것은 있습니다."

"색(色)은 있습니까, 없습니까?"

(바라문이) 대답했습니다. "사문 구담이시여, 그것은 있습니다."

"바라문이여, 색(色)이 있고, 안식(眼識)이 있고, 안촉(眼觸)을 인연으로 생긴 괴롭거나, 즐겁거나, 괴롭지도 즐겁지도 않은 느낌〔受〕은 있습니까, 없습니까?"

(바라문이) 대답했다. "사문 구담이시여, 그것은 있습니다."

瞿曇 所謂一切有 云何一切有 佛告生聞婆羅門 我今問汝 隨意答我 婆

羅門 於意云何 眼是有不 答言 是有 沙門瞿曇 色是有不 答言 是有 沙門瞿曇 婆羅門 有色 有眼識 有眼觸 有眼觸因緣生受 若苦 若樂 不苦不樂不 答言有沙門瞿曇

모든 존재의 근원을 물었던 생문 바라문에게 부처님의 답변은 새로운 의문을 불러일으킨다. 부처님은 무엇을 존재라고 생각하기에 십이입처를 모든 존재의 근원이라고 이야기하는 것일까? 그리고 십이입처에서 생긴 존재는 구체적으로 어떤 것일까? 「320경」은 이러한 의문에 대한 질의응답이다.

'입처(入處)'는 범어 'āyatana'의 한역(漢譯)이다.[111] 부처님께서는 왜 우리의 지각기관인 안이비설신의(眼耳鼻舌身意)와 그것들의 지각대상인 색성향미촉법(色聲香味觸法)을 'āyatana'라고 불렀을까? 우리는 우파니샤드에서 'āyatana'의 의미를 추정할 수 있다.

찬도갸 우파니샤드에서는 숨[prāṇa], 눈[眼, cakṣu], 귀[耳, śrotra], 마음[意, manas]을 브라만이 머무는 자리, 즉 'āyatana'의 이름이라고 한다.[112] 그리고 마음은 모든 감각이 마음에 거처하면서 활동하기 때

111 'āyatana'는 '도달하다, 들어가다, 거주하다'의 의미를 지닌 동사 'ā-yat'에서 파생된 중성 추상명사로서 '들어가서 머물고 있는 곳'의 의미이며, '자리, 장소, 집, 거처'의 의미를 지닌다. 한역(漢譯)에서는 입처(入處) 이외에도 입(入), 처(處) 등으로 번역되는데, 모두가 원어의 의미에 충실한 번역이다.

112 Radhakrishnan, 앞의 책, p. 411. "prāṇaḥ kalaḥ, cākṣu kalaḥ, śrotraṃ kalaḥ, manaḥ kala, eṣa vai, saumya, catuṣ-kalaḥ pādo brahmaṇa āyatanavān nāma."

문에 가장 훌륭한 'āyatana'라고 한다.[113] 호흡할 때는 브라만이 호흡에 머물고, 볼 때는 눈에 머물고, 들을 때는 귀에 머물며, 생각할 때는 마음에 머물기 때문에 숨, 눈, 귀, 마음을 'āyatana'라고 부르며, 마음은 모든 감각들이 머물면서 활동하는 장소이기 때문에 가장 훌륭한 'āyatana'라고 부른다는 것이다. 이와 같이 우파니샤드 철학에서 'āyatana'는 우리가 살아가면서 지각하고 인식할 때, 그 활동의 주체로서 궁극적 실체인 브라만, 즉 우리의 자아가 머물면서 활동하는 장소를 의미하며, 그 가운데서도 마음은 모든 감각이 머물면서 활동하는 가장 훌륭한 'āyatana'이다.

부처님도 같은 의미에서 안이비설신의(眼耳鼻舌身意)와 색성향미촉법(色聲香味觸法)을 'āyatana'라고 불렀을 것이다. 우파니샤드뿐만 아니라, 중생들은 우리의 지각활동을 지각기관 속에 들어있는 자아의 활동으로 생각한다. 눈이 보는 것이 아니라, 몸속에 머물고 있는 자아가 눈을 통해서 밖의 사물을 본다고 생각하는 것이다. 이렇게 되면, 보는 눈 속에는 자아라는 실체가 머물고 있고, 보이는 사물 속에는 보이는 것의 실체가 머물고 있는 셈이다. 즉 지각활동을 하는 지각기관 속에는 지각활동의 주체인 자아가 들어있고, 지각되는 대상 속에는 지각되는 실체가 들어있다고 생각하는 것이다. 바꾸어 말하면, 우리의 지각기관〔眼耳鼻舌身意〕과 지각대상〔色聲香味觸法〕을 실체가 머물고 있는 장소라고 생각하는 것이다. 예를 들어, 우리는 꽃을 보면, 보

113 이재숙 옮김, 『우파니샤드 Ⅰ』(한길사, 1996), p. 329 참조.

는 '나'는 몸속에서 눈을 통해 색을 보고, 코를 통해 냄새를 맡고, 피부를 통해 만진다고 생각한다. 이것이 내육입처(內六入處)인 안이비설신의(眼耳鼻舌身意)이다. 그리고 보이는 색, 맡아지는 향기, 만져지는 촉감 등은 지각대상 속에 들어있는 실체로부터 나오는 것들이라고 생각한다. 이것이 외육입처(外六入處)인 색성향미촉법(色聲香味觸法)이다. 이와 같이 십이입처는 지각기관과 지각대상 속에 인식하는 주관과 인식되는 대상이 들어있다는 중생들의 착각을 의미하며, 부처님은 이러한 중생들의 착각을 십이입처라고 부른 것이다. 중생들은 인식하는 감각기관과 인식되는 대상 속에 어떤 실체가 머물고 있다고 착각하고 살아가는데, 중생들의 세계는 이러한 착각에서 비롯된다는 것이 부처님의 답변인 것이다.

❖

존재(有)와 법(法)

|

부처님이 이야기하는 존재란 무엇이기에 실체가 머물고 있다는 착각에서 생긴다는 것일까? 이러한 의문에서 생문 바라문은 "'일체유(一切有)'는 무엇인가?"라고 물었을 것이다. 따라서 이 질문은 "십이입처(十二入處)라는 근원에서 생긴 모든 존재는 어떤 것인가?" 구체적으로 그 존재들을 이야기해 달라는 것이다. 예를 들면, 우파니샤드 철학에서 브라만에서 불이 나오고, 불에서 물이 나오고, 물에서 영양분이 나와서 세계를 구성한다고 이야기하듯이, 십이입처에서 나와서 세계를 구성하고 있는 존재(有)들은 어떤 것들인가를 물은 것이다.

존재(有)를 지칭하는 것은 문법적으로 명사(名詞)이다. 따라서 생문 바라문은 명사를 답변으로 기대했을 것이다. 그러나 부처님은 명사로 대답하지 않고 바라문에게 반문한다. 부처님은 "보는 것(眼)이 있느냐, 없느냐? 보이는 것(色)이 있느냐, 없느냐?"라고 반문하여 "있다"라는 답을 유도한다.

이와 같은 반문은 불교의 존재론적 입장을 보여준다. 기존의 존재론은 이 세계를 구성하고 있는 실체(實體), 즉 실유(實有)를 문제 삼았다. 끊임없이 변화하는 다양한 현상계의 배후에 변함없이 실유하는 궁극적 실체는 무엇인가? 이 물음에 대한 답으로 우파니샤드 철학에서는 브라만을 주장했고, 당시의 유물론자들은 지(地) · 수(水) · 화(火) · 풍(風) 사대(四大)를 주장했다. 이렇게 어떤 실체를 기대했던 생문 바라문에게 부처님은 반문을 통해 '있음'의 문제를 반성하도록 한다.

"안(眼)은 있는가?" 이 물음은 우리의 얼굴에 붙어있는 감각기관인 눈의 존재를 묻는 것이 아니다. 브리하드-아란야까 우파니샤드(Bṛhad-āraṇyaka Upaniṣad)는 안이비설신의(眼耳鼻舌身意)가 우파니샤드 철학에서 단순히 지각기관을 의미하지 않음을 보여준다.

> 숨쉬기 때문에 '숨(prāṇa)'이라고 불리고, 말하기 때문에 '목소리(vāk)', 보기 때문에 '눈(cakṣu)', 듣기 때문에 '귀(śrotram)', 생각하기 때문에 '마음(mana)'이라고 불린다. 이 모든 것은 그[아트만]의 활동에 대한 이름들일 뿐이다.[114]

우파니샤드 철학에서 안(眼, cakṣu)은 감각기관이 아니라, 아트만(ātman)의 지각활동에 대한 이름이다. '아트만'이 볼 때, '아트만의 보는 작용'을 안(眼)이라고 부른다. 이와 같이 육근(六根), 즉 안이비설신의(眼耳鼻舌身意)는 감각기관이 아니라 아트만의 지각활동을 의미한다. 따라서 우파니샤드 철학자에게 "안(眼)은 있는가?"라고 질문한 것은 "보는 지각활동은 있는가?"를 물은 것이다. 이어지는 "색(色)은 있

114 Radhakrishnan, 앞의 책, p. 166.

는가?"라는 질문은 "볼 때 보이는 것이 있는가?"를 물은 것이다.

부처님의 반문은 안식(眼識), 안촉(眼觸), 수(受) 등으로 이어진다. 이와 같은 반문이 의미하는 것은 '있음', 즉 존재가 지각과 밀접한 관계를 가지고 있다는 것이다. '있다'는 것은 지각활동을 통해 나타나는 현상의 '있음'이다. 따라서 지각활동이 없으면 '있다'고 판단할 근거가 없다. 무엇이 지각 이전에 외부에 실재하고, 그 실재하는 존재에 대하여 인식하는 것이 아니라, 보기 때문에 보이고, 그 보이는 것에 대하여 인식하는 것이다. 그리고 그 인식을 바탕으로 고락(苦樂)의 감정도 생긴다. 부처님은 반문을 통해, 그것이 색이나 소리와 같은 사실판단이든, 고락(苦樂)과 같은 가치판단이든, '있음'에 대한 모든 판단은 우리의 착각, 즉 십이입처(十二入處)에서 비롯되고 있음을 깨닫게 한 것이다.

부처님께서는 반문을 통해 객관적 실체로서의 존재를 부정하고, "존재란 '있다'고 지각된 것"임을 깨닫도록 하고 있다. 부처님께서는 인식되는 대상을 외부에 실재하는 존재라고 보지 않았다. 왜냐하면, 우리에게 인식되는 대상은 그 자체로서 실재하는 실체가 아니라 우리의 지각활동에 의지하여 나타난, 즉 연기(緣起)한 것이기 때문이다. 이와 같이 우리에게 '있다'고 생각되는 모든 것, 즉 중생들의 착각의 세계는 십이입처에서 연기한 것이다.

'있다'는 판단이 외부의 존재에 대한 판단이 아니라, 십이입처에서 연기한 것에 대한 판단이라면, '있다'는 판단의 대상을 '유(有)'라고 불러서는 안 된다. 왜냐하면, '유'는 인식과 무관하게 실재하는 것을 의미하기 때문이다. 따라서 "유(有)는 무엇인가?"를 묻는 것은 올바른 질문이 아니다. 생문 바라문이 「321경」에서 질문의 내용을 바꾸어 "일체법(一切法)은 어떤 것인가?"를 물은 것은 "일체유(一切有)는 무엇인가?"를 물었던 자신의 질문이 잘못된 것임을 깨달았기 때문일 것이다.

"구담이시여, '소위 일체법(一切法)'은, 어떤 것을 일체법이라고 합니까?"

부처님께서 바라문에게 말했습니다.

"안(眼)과 색(色), 안식(眼識), 안촉(眼觸) 그리고 안촉을 인연으로 생긴 괴롭거나, 즐겁거나, 괴롭지도 즐겁지도 않은 느낌[受], 이(耳)·비(鼻)·설(舌)·신(身)·의(意)와 법(法)·의식(意識)·의촉(意觸)·'의촉을 인연으로 생긴 괴롭거나, 즐겁거나, 괴롭지도 즐겁지도 않은 느낌[受]', 이들을 일체법(一切法)이라고 부릅니다.

瞿曇 所謂一切法 云何爲一切法 佛告婆羅門 眼及色 眼識 眼觸 眼觸因緣生受 若苦 若樂 不苦不樂 耳鼻舌身意法 意識 意觸 意觸因緣生受 若苦 若樂 不苦不樂 是名爲一切法

부처님께서는 '일체법이 무엇인가?'라는 질문에 십이입처와 십이입처에서 연기한 것들을 일체법이라고 말씀하신다. 왜 부처님은 '일체유(一切有)'를 묻는 질문에는 반문하고, '일체법(一切法)'을 묻는 질문에는 직답을 한 것일까? 부처님은 반문과 직답을 통해 '있음', 즉 존재의 문제가 지각활동과 관계된 질문이며, '있음/존재'는 명사적이 아니라 동사적이라는 것을 보여주고 있다.

'유(有)는 무엇인가?'라는 질문은 '있음/존재'의 문제를 명사적으로 묻는 것이다. 따라서 이 물음에 대한 답은 명사(名詞)여야 한다. 그런데 부처님은 명사로 대답하지 않고 반문하다. 반문은 상대의 반성적 사고를 이끌어내기 위한 것이다. 우리는 일상적으로 주어와 술어를 통해 언어적인 표현을 한다. 이때 주어는 명사이고, 술어는 동사이다. 우리는 명사로 표현되는 존재를 우리의 인식은 물론 술어인 동사와 무관하게 존재하는 것으로 생각한다. 부처님은 반문을 통해 이와 같은 우리의 일상적인 생각을 반성하게 하고 있다. 무엇이 있는가를 묻기 전에 '있다'는 판단이 어떤 것인지를 생각해 보라는 것이다.

'있다[有]'는 판단과 '없다[無]'는 판단의 근거는 무엇인가? 눈으로 보아서, 보이면 '있다'고 판단하고, 보이지 않으면 '없다'고 판단한다. 유무판단(有無判斷)의 유일한 근거는 우리의 지각활동이다. 지각활동을 통해 보는 자[眼]와 보이는 대상[色]이 '있음'으로 판단된다.[115] 중생들이 '있다'고 판단하는 모든 것은 이 두 가지 '있음'에 근거하고 있다. 『잡아함경(306)』에서는 다음과 같이 이야기한다.

115 보는 자[眼]와 보이는 것[色]의 '있음'은 중생들의 착각이다. 따라서 이 판단은 착각에 의한 것이기 때문에 진실은 아니다. 하지만 착각에서 이런 판단이 나온다는 것은 사실이며, 이러한 사실에서 중생들의 세계가 나타난다.

두 법[二法]이 있다. 그 둘은 어떤 것들인가? 안(眼)과 색(色)이 그 둘이다. 〈중략〉 안과 색이 연하여 안식(眼識)이 발생한다. 이들 셋의 화합이 촉(觸)이다. 촉에서 수(受), 상(想), 사(思)가 함께 생긴다.

有二法 何等爲二 眼色爲二 〈중략〉 眼色緣生眼識 三事和合觸 觸俱生受想思

'일체는 십이입처'라는 말은 이것을 의미한다. 우리가 '있다'고 판단하는 모든 것은 십이입처에 근거한다는 것이다. 그렇다면 '있음'은 무엇인가? 십이입처가 모든 '있음'의 근거라면, 십이입처는 실유하는 근본실체인가? 앞서 설명한 바와 같이, 안(眼, cakṣu)은 우리의 신체를 구성하고 있는 감각기관을 의미하는 것이 아니라 지각활동을 의미한다. 따라서 모든 '있음'의 근거는 근본실체가 아니라 지각활동이라는 것이 부처님의 생각이다.

'있음'은 명사로 표현되지만, 본질은 동사적이다. 예를 들어 "비가 내린다"라는 말을 살펴보자. 이 말은 '비라는 존재가 떨어져 내리는 일을 하고 있다'는 말이다. 그리고 명사로 표현되는 '비'라는 존재는 '내린다'는 일을 하기 이전에, 그 일과 무관하게 존재한다는 말이다. 그러나 비는 내리지 않으면 존재하지 않는다. 존재하는 비가 내리는 것이 아니라, 물방울이 떨어져 내리는 것을 우리가 지각하여 '비'라고 명명(命名)함으로써 '비'는 '존재/있음'이 되는 것이다. 만약 물방울이 떨어져 내리는 현상에 '비'라는 이름을 붙이지 않았다면, 이 세상에 '비'는 존재하지 않을 것이다. '비'의 '있음'은 이렇게, 어떤 사물의 존재에 기인하는 것이 아니라, 지각한 사건〔물방울이 떨어지는 사건〕에 우리가 붙인 이름/명사에 기인한다. 따라서 명사로 표현되는 '비'의 본성은 '떨어져 내리는 일', 즉 동사적이며, 명사는 우리가 조작한 개념일 뿐이다. 우리는 비라는 존재를 보는 것이 아니라, 물방울이 떨어져 내리는 일을 볼 뿐이다. 진정으로 존재하는 것은 '비라는 존재'가 아니라 '물방울이 떨어져 내리는 일'이다.

주어인 '비'는 술어인 동사를 떠나서는 존재하지 않는다. 그런데 주어와 동사로 표현되는 우리의 언어적 표현은 주어와 술어를 개별적인 존재와 현상으로 분리시킨다. 우리는 이러한 언어적 관습에 젖어서 비판 없이 언어를 사용한다. 그렇다고 해서 관습적인 언어를 사용하지 않을 수는 없다. 하늘에서 떨어지는 물방울과 수도꼭지에서 떨어지는 물방울은 분명히 다르다. 이 차이를 구분하기 위해서는 명사가 필요하다. 따라서 명사를 사용하되, 그 명사에 동사적 의미를 부여하여 사용하는, 주어와 술어가 분리되지 않는 새로운 문법이 필요하다.

부처님은 '있음/존재'를 표현할 때 'bhāva(有)'라는 개념을 사용하지 않고 'dharma(法)'라는 개념을 사용한다.[116] 범어(梵語) 'dharma'는 '지

---

116 'dharma(法)'는 불교에서 다양한 의미로 사용되는데, 크게 분류하면, 첫째, 존재론적인 의미, 특히 인식 대상의 의미로 사용되고, 둘째, 부처님의 가르침, 즉 부처님께서 깨우친 진리를 의미하며, 셋째, 도덕적인 계율을 의미한다. 도덕적인 계율이나 진리를 'dharma'라고 한 것은 불교만은 아니다. 그러나 당시의 사상가 가운데 'dharma(法)'를 인식 대상의 의미로 사용한 사람은 부처님밖에 없다.

탱하다, 유지하다(to uphold)'는 의미의 동사어근 'dhṛ'에서 파생된 명사이다. 부처님은 왜 '있다(to be)'는 의미의 동사어근 'bhū'에서 파생된 '있음'을 표현하는 일반적인 개념인 'bhāva(有)'나 'atthitā(有)'를 사용하지 않고 'dharma(法)'를 사용했을까? 전술한 바와 같이 '있다'는 판단은 외부의 존재에 대한 판단이 아니라, 십이입처에서 연기한 것에 대한 판단이다. 따라서 인식과 무관하게 실재하는 것을 의미하는 'bhāva'나 'atthitā'는 '있다'는 판단의 대상에 대한 적절한 지칭이 될 수 없다.

그렇다면 왜 'dharma'를 사용했을까? 'dharma'는 동일한 조건에서는 동일한 현상을 일으키고 유지시키는 법칙을 의미한다. 조건에 의지하여 연기하는 존재들은 이러한 법칙이 실현된 것이다. 따라서 'dharma'라는 단어는 실체나 본질을 나타내는 것이 아니라 질서정연하게 유지되는 과정 그 자체, 즉 사물들이 작용하는 방식을 나타낸다. 이 세상이 유지되고, 모든 사물이 유지되는 것은 질서정연한 과정을 통해서이다. 예를 들어 산소와 탄소가 결합하면 연소하면서 불이 나타나며, 그 과정이 계속되면 불이 타는 현상은 계속 유지된다. 이렇게 어떤 과정이 질서정연하게 유지될 때 우리는 그것의 '있음'을 지각한다. 모든 '있음'은 이렇게 질서정연한 과정이 유지되고 있는 동사적 현상이다. 부처님은 '있음'이 나타나고 유지되는 질서정연한 과정을 연기(緣起)라고 불렀으며, 연기한 것을 'dharma(法)'라고 불렀다. 따라서 'dharma'는 문법적으로는 명사이지만 의미는 동사적이다.

이러한 'dharma'의 동사적 구조를 표현한 개념이 'śūnyatā(空性)'이다. 이미 살펴보았듯이 '공(空)'의 의미는 '업보(業報)는 있으나 행위자〔作者〕는 없다'이다. 우리는 사물을 보면서, '보는 자〔眼〕'와 '보이는 것〔色〕'이 '있다'고 생각한다. 그 '보는 자'는 어디에 있는가? 볼 때는 보는 자가 분명히 눈 속에 있는 것처럼 생각된다. 그런데 보지 않을 때는 어디에 있었던 것일까? 그리고 본 다음에는 어디로 가는 것일까? 부처님께서는 보는 자〔眼〕에 대하여 오는 곳도 없고 가는 곳도 없는, 실체성이 없는 허망한 것이라고 이야기한다. 보는 자는 보는 행위의 행위자가 아니라 보는 행위의 결과, 즉 업보라는 것이다.

모든 '있음/존재'의 근거가 되는 안(眼) 등이 공성이라면, 모든 '있음'의 본성은 공성이다. 부처님께서는 실상이 공인 '있음/존재'를 'dharma'로 표현했다. 부처님께서 모든 법은 공, 즉 제법개공(諸法皆空)이라고 하신 것은 모든 '있음'이 동사적〔業報〕으로 있을 뿐, 명사적〔作者〕으로 있지 않다는 것을 말씀하신 것이다.

부처님은 모든 '있음'이 동사적인 과정 속에서 나타난다는 사실, 즉 연기하고 있다는 사실을 깨달았으며, 그것이 불변의 진리라는 것을 깨달았다. 따라서 불교에서 'dharma'는 부처님께서 깨달아 가르친 진리를 의미하기도 한다. 그리고 도덕적 행위의 당위성이 그 진리에 근거를 두고 있기 때문에 'dharma'는 윤리적인 규범을 의미하기도 한다.

이상의 논의를 정리하면, '일체(一切)'는 모든 '있음/존재'의 근원인 십이입처를 의미한다. 그리고 '유(有)'는 '있음'의 실상에 무지한 중생들이 '있음'을 지칭하는 개념이며, '법(法, dharma)'은 연기법이라고 하는 질서정연한 과정 속에 나타나는 '있음'을 지칭하는 동사적 의미의 개념이다.

아비달마불교는 '일체'를 '일체법(一切法)'과 동일시하고, '일체법'을 '일체유(一切有)'로 해석함으로써, 부처님은 이 세상에 실제로 존재하는 모든 것, 즉 '일체유'를 깨달아서 부처님이 되었다는 입장을 갖게 된다. 그 결과 부처님의 깨달음의 내용을 연기법(緣起法)이 아니라 '일체유'로 보는 오류를 저지른다. 이러한 오류는 초기불교를 본질적으로 파괴하여 변질시켰다. 초기불교의 교리는 십이입처라는 '일체'에서 '일체법'이 어떻게 연기하는가를 보여준다. 그런데 이러한 연기의 구조는 왜곡되고, 연기 과정을 보여주는 중요한 개념들, 즉 십이입처(十二入處), 십팔계(十八界), 오온(五蘊)은 일체의 실유하는 존재들의 범주인 삼과(三科)로 변질되었다. 그리고 이러한 왜곡된 불교 이해는 현재까지 계속되고 있다.

❖

십이입처, 십팔계, 오온의 연기관계

오온, 십이입처, 십팔계는 제법을 분류하는 삼과(三科)가 아니라 연기설을 구성하는 중심 개념들이다. 모든 '있음/존재'는 연기한다. 그것을 설명하기 위한 개념이 입처(入處), 계(界), 온(溫)이다. 앞에서 인용한 『잡아함경(306)』은 이들의 연기관계를 잘 보여준다.

> 안(眼)과 색(色)을 인연으로 안식(眼識)이 생긴다. 셋〔안, 색, 안식〕의 화합이 촉(觸)이다. 촉에서 수(受), 상(想), 사(思)가 함께 생긴다. 이들〔識, 受, 想, 思〕이 네 가지 형태가 없는 온(蘊), 즉 사무색음(四無色陰)이다.
>
> 眼色緣生眼識 三事和合觸 觸俱生受想思 此四無色陰

십이입처를 인연으로 안식(眼識) 등의 육식(六識)이 생기며, 육식이 발생하여 십팔계(十八界)가 형성되면, 십팔계에서 지각활동〔眼〕, 지각대상〔色〕, 지각분별〔眼識〕 셋이 화합하여 수(受), 상(想), 사(思)가 발생함으로써 오온이 형성된다는 것이다. 이와 같이 십이입처와 십팔계는 오온이라는 중생의 세계가 연기하는 과정을 설명하는 교리이다. 초기불교에서 식(識)은 우리의 내부에 존재하는 자아가 아니라 십이입처에서 연기한 것이다. 즉 안(眼)과 색(色)을 인연으로 안식(眼識)이 발생하고, 의(意)와 법(法)을 인연으로 의식(意識)이 발생한다. 그런데 중생들은 이렇게 식이 발생하면 그 식이 자신의 몸속에 존재하면서 이름과 형태를 지닌 외부의 사물을 인식한다고 잘 못 생각한다.[117] 육입처(六入處)는 이렇게 식이 연기한다는 사실을 알지 못하고 보거나 들을 때, 식이 눈이나 귀에 들어와 머물면서 '본다', 혹은 '듣는다'고 생각하는 중생의 착각을 의미한다. 다시 말해서 눈[眼] 등의 지각기관을 '의식이 머물면서 지각활동을 하는 장소'로 생각하는 중생들의 착각이다.

이와 같이 육입처는 지각활동이 일어날 때 지각기관을 '의식이 머물면서 작용하는 여섯 장소'라고 여기는 중생들의 착각이다. 『잡아함경(57)』에 의하면, 육입처는 오온의 인연을 성찰한 결과 드러난 것이다.

> 만약 어떤 비구가 이 좌중에서 '어떻게 알고 어떻게 보아야 빨리 번뇌[漏]를 다하게 될까?'라고 생각한다면 나는 이미 그것에 대하여 설법한 바가 있다오. 마땅히 여러 가지 온(蘊)을 잘 관찰하여야 한다오. 사념처(四念處), 사정단(四正斷), 사여의족(四如意足), 오근(五根), 오력(五力), 칠각분(七覺分), 팔성도분(八聖道分)이 오온을 잘 관찰하는 길이라오.

117 '愚癡無聞凡夫 無明覆愛緣繫得此識 身內有此識 身外有名色'『雜阿含經』卷12 (『대정장』2, p. 83下).

<중략>

어리석은 범부는 몸〔色〕을 자기라고 보나니 만약 자기라고 본다면 이것을 행(行)이라고 부른다오. 저 행은 무엇이 인(因)이고, 무엇이 집기(集起)한 것이고, 무엇이 낳은 것이고, 무엇이 발전한 것인가? 무명촉(無明觸)이 애(愛)를 낳고, 애를 연(緣)으로 하여 저 행(行)이 일어난다오.

저 애는 무엇이 인이고, 무엇이 집기한 것이고, 무엇이 낳은 것이고, 무엇이 발전한 것인가? 저 애(愛)는 수(受)가 인이고, 수가 집기한 것이고, 수가 낳은 것이고, 수가 발전한 것이라오.

저 수는 무엇이 인이고, 무엇이 집기한 것이고, 무엇이 낳은 것이고, 무엇이 발전한 것인가? 저 수는 촉(觸)이 인이고, 촉이 집기한 것이고, 촉이 낳은 것이고, 촉이 발전한 것이라오.

저 촉은 무엇이 인이고, 무엇이 집기한 것이고, 무엇이 낳은 것이고, 무엇이 발전한 것인가? 저 촉은 육입처가 인이고, 육입처가 집기한 것이고, 육입처가 낳은 것이고, 육입처가 발전한 것이라오.

저 육입처는 무상(無常)하고 유위(有爲)이며 마음에서 연기한 법(法)이라오. 저 촉이나 수나 애나 행도 무상하고 유위이며 마음에서 연기한 법이라오.

若有比丘於此座中作是念 云何知 云何見 疾得漏盡者 我已說法言 當善觀察諸陰 所謂四念處 四正勤 四如意足 五根 五力 七覺分 八聖道分 我已說如是法 觀察諸陰 <중략> 愚癡無聞凡夫於色見是我 若見我者 是

名爲行 彼行何因 何集 何生 何轉 無明觸生愛 緣愛起彼行 彼愛何因 何集 何生 何轉 彼愛受因 受集 受生 受轉 彼受何因 何集 何生 何轉 彼受觸因 觸集 觸生 觸轉 彼觸何因 何集 何生 何轉 謂彼觸六入處因 六入處集 六入處生 六入處轉 彼六入處無常有爲 心緣起法 彼觸受 行受 亦無常有爲 心緣起法

이 경이 보여주듯이 육입처는 오온을 관찰한 결과 오온의 근원으로 드러난 의식이다. 오온은 중생이 자아라고 집착하고 있는 망상이다. 오온의 실상을 관찰하면, 중생이 자아로 집착하고 있는 오온은 무명촉(無明觸)에서 비롯된 애(愛)가 원인이 되며, 애의 원인은 육입처라는 것이다. 이러한 육입처를 이 경에서 감각기관이라고 이야기하지 않고 '마음에서 연기한 법(法)'이라고 이야기하고 있는 것은 육입처가 중생들의 무명에서 연기한 망념임을 보여준다.

부처님께서는 중생들이 '자아가 머물면서 활동하고 있는 장소'라고 생각하고 있는 육입처에 대하여 무상(無常)하고 무아(無我)임을 바르게 관찰해야 한다고 강조한다. 즉 중생들이 불변의 자아가 머물고 있는 장소라고 생각하고 있는 육입처는 무상하게 연기하는 망념이며, 그곳에 머물고 있는 영속적인 자아는 없다는 것이다.

육입처에 영속성을 지닌 자아가 없다면 인식의 주체는 무엇인가? 불교의 무아설의 영향을 받아 자아 없이 인지가 발생한다는 인지이론을 주장하는 바렐라(Francisco J. Varela)는 다음과 같이 말한다.

인간의 역사를 통틀어 나타나는 반성적 사고의 전통 - 철학, 과학, 정신분석, 종교, 명상 - 은 자아에 대한 소박한 견해에 도전해 왔다. 어떤 전통에서도 경험의 세계 내에서 독립적이며 영속적인 고유한 자아가 발견되었다는 주장이 존재한 적은 없다. 데이비드 흄(David Hume)의 유명한 구절을 인용하면서 이 점을 분명히 해 보자. "내 개인적인 입장에서 보자면 내가 나 자신이라고 부르는 것에 가장 가깝게 갈 때, 나는 항상 뜨거움 또는 차가움, 빛 또는 어둠, 사랑 또는 미움, 고통 또는 기쁨의 이러한 지각을 더듬어 가고 있을 뿐이다. 나는 이러한 지각없이 나 자신을 포착한 적이 없으며, 이러한 지각 이외에는 아무것도 관찰한 것이 없다." 이러한 통찰은 자아에 대한 우리의 지속적인 확신과 정면으로 대립하고 있다.[118]

부처님께서 중생들이 자아로 집착하는 오온(五蘊)의 근거를 육입처(六入處)라고 이야기하는 것과 흄의 이야기는 너무도 유사하다. 우리는 항상 무엇인가를 보고, 듣고, 냄새 맡고, 맛보고, 촉감을 느끼고, 생각한다. 이런 행위를 할 때 우리는 그 행위의 중심에 자아가 있다고 믿고 있다. 그러나 흄의 이야기와 같이 우리가 자아를 찾아보면 우리에게 관찰되는 것은 지각하는 자아가 아니라 지각일 뿐이다. 그 지각은 나타나면 사라지고, 항상 변화한다. 이와 같이 지각은 실체가 없이 생기며, 생겨서는 남김없이 사라진다. '업보(業報)는 있으나 행위

118 바렐라·톰슨·로쉬 공저, 석봉래 옮김, 『몸의 인지과학』(김영사, 2013), p.113.

자[作者]는 없다'는 말씀과 흄의 이야기는 이와 같이 상통한다.

그런데 참으로 존재하는 것이 무엇인지를 찾기 위해서 모든 것을 의심하던 데카르트는 자신의 의심이 하나의 사유라는 사실을 깨닫고, 사유하는 정신적 실체로서의 정신이 존재한다는 결론에 도달한다. 이에 대하여 바렐라는 다음과 같이 말한다.

> 데카르트는 너무 빨리 중단하였다. 그의 "나는 생각한다. 그러므로 존재한다"는 생각하는 존재인 '나'의 본성을 다루지 않은 채 그냥 내버려두고 있다. 참으로 데카르트는 '나'는 근본적으로 사고하는 존재라고 하였다. 그러나 여기서 그는 너무도 멀리 갔다. "나는 존재한다"는 것에서 얻을 수 있는 유일한 확실성은 내가 생각한다는 것이다. 만일 데카르트가 충분히 엄밀하고, 주의 깊고, 세심했다면 그는 '나는 생각하는 존재(res cogitanos)'라는 결론으로 비약하지는 않았을 것이다. 오히려 그는 마음 그 자체의 '과정'에 주의를 집중했을 것이다.[119]

우파니샤드에서는 데카르트처럼 본다는 사실에서 보는 존재가 있다는 결론에 도달했다. 그러나 부처님은 '보는 존재'로 비약하지 않고 본다는 사실이 나타나고 있는 마음의 과정을 면밀히 관찰했다. '보는 자'라는 의식은 볼 때 나타난다. 그러나 보지 않을 때 '보는 자'라는 의식은 사라진다. 만약 '보는 자'가 있어서 본다면, 볼 때는 어디

119 앞의 책, p. 115.

에선가 와서 눈에 머물다가, 보지 않을 때는 다른 곳으로 가야 한다. 과연 '보는 자'가 활동하지 않을 때 숨어있는 곳이 있는가? 만약 '보는 자'가 숨어 있는 곳이 없다면 '보는 자'가 존재하고 있다고 할 수 없다. '보는 자'는 실체가 없이 조건에 의해 생겼다가 사라지는 의식 현상, 즉 연기한 법(法)이다. '업보(業報)는 있으나 행위자〔作者〕는 없다'는 말은 '보는 작용'은 있지만 '보는 자'는 없다는 말이다.

이와 같이 대상을 지각하는 실체로서의 자아는 존재하지 않지만, 중생들은 지각활동을 하면서 지각되는 대상이 외부에 실재하고, 대상을 지각하는 자아가 내부에 실재한다고 믿고 있다. 하지만 십이입처는 무아의 실상을 알지 못하는 중생들의 착각이며 망념(妄念)이라는 사실을 알아야 한다. 즉, 내부에 존재하는 자아가 보고, 듣는 인지 활동을 한다고 생각하는 망념이 안이비설신의(眼耳鼻舌身意) 내육입처(內六入處)이고, 외부에 존재하는 대상이 형태나 소리 등을 통해 인지된다고 생각하는 망념이 색성향미촉법(色聲香味觸法) 외육입처(外六入處)이며, 이들을 십이입처라고 부른 것이다. 이처럼 십이입처는 무지한 중생들이 일으킨 망념이며, 이러한 망념이 중생들의 세계의 근원이 된다는 의미에서 부처님은 십이입처를 '일체(一切)'라고 이야기 한 것이다.

이러한 망념을 가지고 착각 속에서 지각할 때, 외부의 대상을 분별하는 여섯 가지 의식, 즉 안식(眼識), 이식(耳識), 비식(鼻識), 설식(舌識), 신식(身識), 의식(意識)이 연기한다. 십이입처라는 착각 위에 이들 육식(六識)이 연기하여 나타난 의식구조를 십팔계(十八界)라고 부른다. 그리고 십팔계의 의식구조에서 대상을 경험하는 것을 촉(觸)이라고 부르며, 그 경험을 통해 고락의 감정[受], 생각[想], 의지[思] 등이 연기한다. 중생들이 자아라고 집착하고 있는 오온은 이와 같은 과정을 통해서 연기한 것이다. 부처님께서는 중생들이 자아라고 집착하고 있는 오온이라고 하는 망상이 어떤 과정을 통해서 연기하는가를 보여주기 위해 십이입처와 십팔계를 말씀하셨다. 따라서 오온의 실상이 공성임을 깨달아 착각에서 벗어나면, 착각에서 비롯된 망상인 오온, 십이입처, 십팔계도 사라진다.

보이는 것이 없으면 보는 나는 존재할 수 없고, 보는 내가 없으면 보이는 것이 있을 수 없다. 이와 같이 나와 세계, 주관과 객관의 대립이 없는 것이 우리의 삶이다. 따라서 우리의 삶에는 보는 주관[眼耳鼻舌身意]도 없고, 보이는 객관[色聲香味觸法]도 없다. 안이비설신의(眼耳鼻舌身意)가 없고 색성향미촉법(色聲香味觸法)이 없다는 것은 우리의 얼굴에 있는 눈, 코, 귀, 혀 등이 없다는 의미가 아니라, 주관적 자아와 객관적 세계가 개별적으로 존재하지 않고 삶 속에서 연기한다는 의미이다.

8

강을 건넌 후에는 배를 버린다

무명(無明)이 없고, 무명의 소멸(消滅)이 없으며,

내지 노사(老死)가 없고, 노사의 소멸까지 없다오.

고집멸도(苦集滅道)가 없고, 알아야 할 것이 없고,

얻을 것이 없고, 얻지 못한 것이 없다오.

na vidyā nāvidyā na vidyākṣayo nāvidyākṣayo yāvan na jarāmaraṇaṃ na jarāmaraṇakṣayo na duḥkha-samudaya-nirodha-mārgā, na jñānaṃ na prāptiḥ.

無無明 亦無無明盡 乃至 無老死 亦無老死盡 無苦集滅道 無智 亦無得

❖

십이연기와 사성제

무명이 없고, 무명의 소멸이 없으며, 내지 노사가 없고, 노사의 소멸까지 없다는 말씀은 십이연기의 유전문과 환멸문이 없다는 말씀이고, 고집멸도가 없다는 말씀은 사성제(四聖諦)가 없다는 말씀이다. 부처님께서 깨달은 진리는 십이연기(十二緣起)와 사성제다. 그런데 공성(空性) 가운데는 이러한 십이연기와 사성제가 없다는 것이다. 불교의 목적은 진리를 깨닫는 것이고, 그 진리는 십이연기와 사성제인데, 이것들이 없다는 말씀은 무슨 의미일까?

먼저 『쌍윳따 니까야』 12. 65. 「도시경(Nagara-sutta)」을 통해서 십이연기와 사성제를 살펴보자.

> 비구들이여, 예전에 정각(正覺)을 깨닫지 못한 보살이었을 때, 나에게 이런 생각이 들었다오.
>
> '세간은 태어나고, 늙어 죽고, 죽어가서 다시 태어나는 곤경에 처해있다. 그런데 이러한 괴로움과 늙어 죽음에서 벗어날 줄을 모른다. 언제 이러한 괴로움과 늙어 죽음에서 벗어날 줄을 알게 될까?'
>
> 비구들이여, 그러자 나에게 이런 생각이 들었다오.

'무엇이 있기 때문에 늙어 죽음[老死]이 있을까? 무엇에 의지하여 늙어 죽음이 있을까?'

비구들이여, 그러자 나에게 철저한 숙고의 결과 지혜에 의한 분명한 이해가 생겼다오.

'태어남[生]이 있기 때문에 늙어 죽음이 있다. 태어남에 의지하여 늙어 죽음이 있다.'

비구들이여, 그러자 나에게 이런 생각이 들었다오.

'무엇이 있기 때문에 태어남이 있을까? 무엇에 의지하여 태어남이 있을까?'

비구들이여, 그러자 나에게 철저한 숙고의 결과 지혜에 의한 분명한 이해가 생겼다오.

'존재[有]가 있기 때문에 태어남이 있다. 존재에 의지하여 태어남이 있다.'

비구들이여, 그러자 나에게 이런 생각이 들었다오.

'취(取)에 의지하여 유(有)가 … 애(愛)에 의지하여 취가 … 수(受)에 의지하여 애가 … 촉(觸)에 의지하여 수가 … 육입(六入)에 의지하여 촉이 … 명색(名色)에 의지하여 육입이 있다.'

비구들이여, 그러자 나에게 이런 생각이 들었다오.

'무엇이 있기 때문에 명색(名色)이 있을까? 무엇에 의지하여 명색이 있을까?'

비구들이여, 그러자 나에게 철저한 숙고의 결과 지혜에 의한 분명한 이해가 생겼다오.

'식(識)이 있기 때문에 명색이 있다. 식에 의지하여 명색이 있다.'

비구들이여, 그러자 나에게 이런 생각이 들었다오.

'무엇이 있기 때문에 식이 있을까? 무엇에 의지하여 식이 있을까?'

비구들이여, 그러자 나에게 철저한 숙고의 결과 지혜에 의한 분명한 이해가 생겼다오.

'명색이 있기 때문에 식이 있다. 명색에 의지하여 식이 있다.'

비구들이여, 그러자 나에게 이런 생각이 들었다오.

'이 식(識)은 되돌아가 명색에서 더 이상 가지 못한다. 이렇게 명색에 의지하여 식이 있는 한 태어나고, 늙어 죽고, 죽어가고 다시 태어날 것이다. 식을 의지하여 명색이 있고, 명색을 의지하여 육입이 있고, 육입을 의지하여 촉이 있고 … 이와 같이 완전한 '괴로움 덩어리(苦蘊)의 집(集)'이 있다.'[120]

비구들이여, '집(集, samudaya)이다, 바로 집(集)이다'라고 하는, 예전에 들어본 적이 없는 법(法, dhamma)들에 대한 안목(眼目, cakkhum)이 생기고, 지식(知識, ñāṇam)이 생기고, 지혜(智慧, paññā)가 생기고, 밝음[明, vijjā]이 생기고, 광명(光明, āloka)이 생겼다오.

이 경은 부처님께서 연기(緣起)의 과정을 역관(逆觀)과 순관(順觀)으로 관찰한 결과 집성제(集聖諦)를 깨달았다는 것을 이야기한 것으로서, 사성제의 고성제(苦聖諦)와 집성제가 십이연기의 역관과 순관

120 'dukkhakkhandhassa samudaya'의 번역.

에 의해 발견된 것임을 보여주는 매우 중요한 경전이다.

부처님은 우리의 괴로운 현실을 극복하기 위하여 그 원인을 찾는 사유를 한다. 이것이 십이연기의 역관이다. 부처님의 사유는 식(識)과 명색(名色)에 이르러 중단된다. 십이연기의 이해에서 가장 중요한 부분은 바로 이 부분이다. 식과 명색이 무엇이기에 부처님의 사유는 여기에서 더 나가지 못하고 중단되었을까?

우선 식과 명색이 무엇을 의미하는지부터 살펴보자. 대부분 명색은 오온이라고 설명한다. 색(色)은 오온의 색온(色蘊)이고, 명(名)은 수(受), 상(想), 행(行), 식온(識蘊)을 의미한다는 것이다. 그리고 명(名)은 정신을 의미하고 색은 물질을 의미하기 때문에, 명색은 이 세상의 모든 정신적 물질적 존재를 의미한다고 설명한다. 그러나 이것은 잘못된 이해다.

명색(名色)은 'nāma-rūpa'를 번역한 것인데, 'nāma'는 '이름, 명칭'이란 뜻이고, 'rūpa'는 '형태, 모습'을 의미하는 말이다. 이와 같이 언어적으로 'nāma-rūpa'에는 정신과 물질이라는 의미가 없다. 'nāma'와 'rūpa'가 결합하여 'nāma-rūpa'라는 합성어로 사용된 것은 부처님 이전에 형성된 우파니샤드에서이다. 우파니샤드에서는 '이 세계는 본래 단일한 실체인데, 'nāma-rūpa', 즉 이름과 형태에 의해 나뉘었다'고 이야기한다. 예를 들면, 기와와 그릇과 벽돌은 이름과 형태에 의해 구별될 뿐 본래는 동일한 흙이라는 것이다.

부처님은 이 말을 우파니샤드와 마찬가지로 '이름과 형태'라는 의미로 사용한다. 십이연기를 통해 그 의미를 확인해 보자. 십이연기에서 명색은 육입(六入)의 조건으로 이야기되고 있다. 육입은 육입처(六入處) 또는 육처(六處)로도 번역되는데, 대부분 육근(六根)과 동일한 것으로 알고 있다. 그러나 앞에서 언급했듯이, 육입은 육근이 아니다.

우리는 눈을 통해 외부의 사물을 본다고 생각한다. '보는 나'가 눈 속에 들어있다고 생각하는 것이다. 바꾸어 말하면 눈은 '보는 나'가 들어있는 장소라고 인식하는 것이다. 이렇게 눈 속에 들어있다고 생각되는 '보는 나'가 안입처(眼入處)이다. 우리는 우리의 몸속에 보고, 듣고, 생각하는 '자아'가 들어있다고 생각하는데, 이렇게 우리가 육근 속에 들어있다고 생각하는 '자아'를 육입이라고 부르는 것이다.

그렇다면 우리는 무엇에 근거하여 그와 같은 자아가 있다고 생각하는 것일까?

이 물음에 대한 답이 명색이다. 명색은 'nāma-rūpa' 즉, 이름과 형태를 의미한다. 우리가 보고 듣는 것들은 모두 이름과 형태를 가진 것들이다. 푸른 하늘, 넓은 들, 높은 소리, 낮은 소리, 단맛, 쓴맛, 이렇게 우리는 어떤 형태와 이름을 연결하여 사물을 지각(知覺)한다. 그리고 이렇게 지각할 때, 지각을 하는 '자아'가 있다는 생각을 하게 된다. 이름과 형태가 없는 것은 지각할 수가 없다. 그리고 지각을 하지 않으면 지각하는 '자아'도 있을 수 없다.

그러나 대부분의 사람들은 지각하기 위해서는 먼저 지각하는 능력을 가진 '자아'가 존재해야 한다고 생각한다. 그래서 인식이나 지각은 '자아'가 존재한다는 가장 확실한 증거로 생각되었다. '내가 있기 때문에 세상을 볼 수 있다'는 것이다. 그런데 이전에 살펴본 『잡아함경(335)』「제일의공경(第一義空經)」에서는 다음과 같이 말한다.

> 비구들이여, 안(眼)은 생길 때 오는 곳이 없고, 사라질 때 가는 곳이 없다. 이와 같이 안은 부실하게 생기며, 생긴 것은 남김없이 사라진다. 업보(業報)는 있으나 행위자[作者]는 없다. 이(耳), 비(鼻), 설(舌), 신(身), 의(意)도 마찬가지다.

여기에서 이야기되고 있는 안이비설신의(眼耳鼻舌身意)가 육입처(六入處)이다. 그리고 육입처(六入處)는 지각을 할 때, 지각 행위를 하는 자[作者], 즉 지각하는 자아를 의미한다. 우리가 사물을 볼 때 '보는 자아[眼]'가 나타난다. 그렇다면 보지 않을 때 그 자아는 어디에 있는 것일까? 보기 전에는 어디에 있다가, 볼 때는 나와서 보고, 보고 난 후에는 어디로 가는 것일까? 부처님께서는 그런 자아는 온 곳도 없고, 간 곳도 없이 허망하게 생겼다가 허망하게 사라지는 망상(妄想)일 뿐, 참된 존재가 아니라는 의미에서 '업보(業報)는 있으나 행위자[作者]는 없다'고 말씀하신 것이다.

우리는 항상 무엇인가를 보고, 듣고, 냄새 맡고, 맛보고, 촉감을 느끼고, 생각한다. 이런 행위를 할 때, 우리는 그 행위의 중심에 자아가 있다고 믿고 있다. 그러나 우리가 자아를 찾아보면 우리에게 관찰되는 것은 지각하는 자아가 아니라 단지 지각일 뿐이다. 그 지각은 나타나면 사라지고, 항상 변화한다. 『잡아함경(335)』「제일의공경」은 이 점을 이야기한 것이다.

우리가 지각하는 마음 그 자체의 과정에 주의를 집중하면, 지각하는 행위자[作者]는 없고, 지각행위와 그 결과[業報]만 있다는 것을 알 수 있을 것이다. 부처님은 십이연기의 역관에서 지각하는 존재가 있다는 결론으로 비약하지 않고 과정을 성찰했다. 그 결과 지각하는 자아, 즉 육입처(六入處)는 본래 존재하는 우리의 자아가 아니라, 어떤 이름과 형태를 지닌 것을 지각할 때만 나타난다는 것을 발견한 것이다. 십이연기에서 명색에 의지하여 육입처가 있다고 한 것은 이런 의미가 있다.

명색은 이와 같이 우리의 지각의 대상이 되는 이름과 형태를 의미한다. 그렇다면 우리가 지각하는 명색(名色)은 외부에 존재하는 객관 대상일까? 책상, 의자, 집, 학교, 강, 산, 이렇게 우리 주변에는 이름과 형태를 지닌 존재들이 수도 없이 많다. 이것이 외부에 존재하고, 그것을 내부에 있는 '자아'가 본다고 생각하는 것이 우리의 상식이다. 그런데 부처님은 내부에 자아가 없다고 말한다. 그리고 명색은 외부에 실재하는 것이 아니라 우리의 분별하는 마음, 즉 식(識)에 의지하고 있다고 말한다. 그리고 다시 식은 명색에 의지하고 있다고 말한다. 식은 우리가 사물을 인식하는 자아라고 생각하고 있는 '마음'이고, 명색은 인식의 대상으로 외부에 존재하는 사물을 가리키는데, 이것들이 서로 의지하고 있다는 말은 무슨 의미일까?

'부시맨'이라는 영화가 있다. 부시맨은 아프리카에서 원시생활을 하는 부족 이름인데, 그 부시맨 마을에 콜라병이 하늘에서 떨어진다. 경비행기를 타고 가던 조종사가 콜라를 마시고 밖에 던진 병이 부시맨 마을에 떨어진 것이다. 콜라병을 처음 본 부시맨은 그것을 알아보지 못한다. 그리고 비행기를 큰 새라고 인식한다. 부시맨은 비행기를 인식할 수 없다. 왜냐하면, 자신의 의식 속에 비행기라는 이름과 형태가 없기 때문이다. 그 대신 '큰 새'라는 명색이 있기 때문에 비행기를 '큰 새'로 인식한다. 부처님께서 명색은 식에 의존하고 있다고 하신 것은 이것을 의미한다.

그렇다면 식이 명색에 의존하고 있다는 것은 무슨 의미일까? 난생처음 콜라병을 본 부시맨은 막대기로 때려도 보고, 조심스럽게 손으로 만져도 보면서 이것이 무엇인가를 알아보려 한다. 그러나 부시맨의 '의식' 속에는 콜라병에 대한 명색이 없기 때문에 그것이 무엇인지 알 수가 없었다. 부시맨이 콜라병을 가지고 마을에 돌아오자 마을 사람들은 처음 본 물건에 관심을 갖는다. 어떤 사람은 병 주둥이에 입을 대고 불어보고, 소리가 나자 그것으로 음악을 연주한다. 이때 콜라병은 훌륭한 악기가 된다. 어떤 사람은 병 주둥이를 잡고 방망이로 사용하니 어떤 방망이보다 훌륭한 방망이가 된다. 이렇게 부시맨 마을에서 콜라병은 악기가 되고, 방망이가 되고, 절굿공이가 되고, 무늬를 찍는 도장이 된다. 콜라병을 사용함으로써 부시맨의 의식 속에 새로운 명색이 생긴 것이다.

이렇게 새로운 명색이 생긴 부시맨의 의식은 이제 예전의 의식이 아니다. 새로운 명색을 인식할 수 있는 의식이 된 것이다. 이와 같이 우리의 인식하는 마음, 즉 식(識)은 몸속에 존재하는 고정된 실체가 아니라 명색에 의지하여 변화하고 있다.

외부의 존재를 지칭한다고 생각했던 명색은 우리의 인식하는 마음인 식에 의지하고 있고, 내부에 존재하고 있다고 생각했던 식은 인식의 대상인 명색에 의지하고 있다면, 내부와 외부를 분별하고 있는 우리의 생각은 잘못된 것이 분명하다. 보는 자[識]와 보이는 자[名色], 즉 자아와 세계, 주관과 객관은 개별적으로 존재하는 것이 아니라 상호의존적으로 나타난다. 부처님께서는 이것을 연기(緣起)라고 불렀다.

연기는 빠알리어로 'paṭiccasamuppāda'인데, '의존하여(paṭicca) 함께(sam) 나타남(uppāda)'이라는 의미이다. 이것은 식과 명색이 의존하여 함께 나타나고 있는 것을 의미하는 말이다. 부처님께서 연기를 깨달았다는 것은 바로 이것을 깨달았다는 것을 의미한다.

> 이것이 있으면, 저것이 있다.
> imasmin sati idaṃ hoti (此有故彼有)
>
> 이것이 나타나면, 저것이 나타난다.
> imassuppādā idam uppajjati (此起故彼起)

이렇게 상호 의존하는 식(識)과 명색(名色)의 관계를 깨달은 부처님은 더 이상 추구할 의문이 없어졌다. "명색은 식에 의지하고 있고, 식은 명색에 의지하고 있다." 이것이 부처님께서 깨달은 내용이다.

십이연기는 식의 조건으로 행(行)을 이야기하고, 행의 조건으로 무명(無明)을 이야기하여 12지(支)가 되는데, 앞에서 소개한 경에서는 식에서 사유가 끝나기 때문에 10지뿐이다. 그래서 어떤 불교학자들은 이것을 10지연기설(十支緣起說)이라고 부르면서 12지를 미처 갖추지 못한 연기설로 이해한다. 그러나 그것은 십이연기를 단지 12개의 개념의 나열로 보기 때문에 생긴 오해다. 『쌍윳따 니까야』 12. 65. 「도시경(Nagara-sutta)」의 10지연기 속에는 12지연기가 함축되어 있다. 이 경의 마지막은 다음과 같이 되어 있다.

> 비구들이여, 그렇다면 옛날의 정각을 이루신 분들이 따라가신 옛길, 오래된 지름길은 어떤 것인가? 그것은 거룩한 팔정도(八正道)라오.
> 〈중략〉
> 나는 그 길을 따라갔다오. 그 길을 따라가서 늙어 죽음[老死]을 자증(自證)했고, 늙어 죽음의 집(集)을 자증했고, 늙어 죽음의 멸(滅)을 자증했고, 늙어 죽음의 멸에 이르는 길[道]을 자증했다오.
> 나는 그 길을 따라갔다오. 그 길을 따라가서 '태어남[生]-존재[有]-취(取)-애(愛)-수(受)-촉(觸)-육입(六入)-명색(名色)-식(識)'을 자증했고, 식의 집을 자증했고, 식의 멸을 자증했고, 식의 멸에 이르는 길을 자증했다오.
> 나는 그 길을 따라갔다오. 그 길을 따라가서 행(行)을 자증했고, 행의 집(集)을 자증했고, 행의 멸을 자증했고, 행의 멸에 이르는 길을 자증했다오.

부처님이 깨달은 것은 식과 명색의 상호의존관계이다. 이러한 깨달음을 정견(正見)으로 삼아 수행한 결과 식과 명색의 상호의존에서 벗어나 해탈을 성취할 수 있었다. 부처님께서는 '식과 명색이 상호 의존한다'는 사실을 모르기 때문에[無明] 나와 세계를 분별하고 살아가게 되며[行], 그 결과 식과 명색이 발생하여 상호의존하면서 생사(生死)의 세계가 나타난다는 것을 깨달았던 것이다.

고성제(苦聖諦)의 사유에서는 10지만 나오고, 도성제(道聖諦)의 실천에서 행(行)이 나타나는 것은 십이연기가 단순한 사변적인 이론이 아니라 실천을 통해 체험된 진실이라는 것을 말해준다. 바꿔 말하면 십이연기에 대한 완전한 이해는 사유에서 이루어지는 것이 아니라 수행을 통해 체득된다는 것을 의미한다. 그리고 무명(無明)이라는 말이 나오지 않는 것은 무명이 어떤 내용을 갖는 것이 아니라, 이러한 사실에 대한 무지의 상태를 의미하기 때문이다. 즉 깨닫기 이전에는 이런 사실을 몰랐다는 사실이 무명인 것이다. 그래서 무명이 구체적으로 언급되어 있지 않지만, 이 사유 속에는 무명이 전제되어 있다.

부처님은 식과 명색이 '상호 의존하여 함께 나타난다'는 사실을 깨달았다. 그리고 이러한 의존관계에 있는 식이 존재하는 한 생사의 괴로움에서 벗어날 수 없을 것이라고 생각한다. 부처님은 이것을 확인하기 위하여 지금까지의 과정을 되돌려 사유를 시작한다. 노사(老死)에서 시작되었던 사유가 식(識)에 이르렀으니, 이제 그 사유가 정당한 것인가를 검증하기 위해서 식에서 노사의 방향으로 사유를 시작한 것이다. 이것이 연기의 순관(順觀)이다.

부처님은 이 순관을 통해 우리가 자아로 생각하고 있는 오취온(五取蘊)은 명색과의 상호관계에 있는 식에서 '명색(名色)-육입(六入)-

촉(觸)-수(受)-애(愛)-취(取)'의 과정을 통해 연기한 망념들이 모여 있는 괴로움 덩어리〔苦蘊, dukkhakkhandha〕라는 사실을 깨닫게 된다. 괴로움 덩어리인 오취온은 망념이 모여서 나타난 것이라는 사실〔集〕을 깨닫게 된 것이다. 이것이 부처님께서 깨달은 집성제(集聖諦)이다.

'집(集)'으로 번역된 'samudaya'는 '함께, 모이다'의 의미를 지닌 접두사 'saṃ'과 '나타나다'라는 의미를 지닌 'udaya'의 합성어로서 '모여서 나타남'의 의미다. 이것을 집(集)으로 한역했으며, 집기(集起), 또는 습(習)으로 번역하기도 한다. 집이든, 집기이든, 무언가가 모여 있는 것을 의미하기 때문에 'samudaya'의 의미를 잘 살린 것이라고 할 수 있다.

현대의 불교학자들은 이것을 발생(發生), 생기(生起)로 번역하는데, 그것은 잘못된 것이다. 집(集, samudaya)이라는 개념은 온(蘊, khandha)이라는 개념과 관련된 개념이다. 온은 덩어리를 의미하고, 집은 그 덩어리가 이루어지는 과정을 의미한다. 즉 오취온이라는 괴로움 덩어리는 망념이 '모여서 나타난 것'임을 표현하기 위해서 집이라는 말을 사용한 것이다.

이와 같이 식과 명색의 상호의존관계에서 연기한 망념들이 모인 오취온은 괴로움 덩어리이며, 사성제의 고성제는 오취온을 의미한다. 그리고 오취온은 집(集)이라고 하는 과정을 통해서 형성된 것이기 때문에 오취온이 모이는 과정을 집성제라고 부르며, 이것이 십이연기의 유전문(流轉門)이다.

사성제의 인과관계

사성제의 고성제와 집성제 그리고 멸성제와 도성제는 각기 인과관계에 있다. 고성제와 멸성제는 결과이고 집성제와 도성제는 원인이다. 그런데 사성제의 구조는 인과가 바뀌어 있다. 원인이 앞에 있고, 결과가 뒤에 있어야 할 터인데, 사성제의 순서는 과(果)가 인(因)의 앞에 위치하고 있는 것이다. 고성제와 집성제의 경우는 괴로운 현실에서 수행을 시작하여 그 원인을 밝혔기 때문에 그 과정을 표현하기 위해서 결과를 앞에 내세웠다고 할 수 있지만, 멸성제와 도성제의 경우는 팔정도를 수행하여 그 결과로서 열반을 얻게 되는 것이므로, 원인이 되는 도성제가 앞에 나와야 할 터인데, 멸성제가 앞에 위치하고 있다. 더구나 팔정도의 출발이 되는 정견의 설명을 보면 '정견이란 사성제를 여실하게 아는 것'이라고 되어 있다.

이 점에 대하여 문제를 제기하는 학자들이 있다. 도성제의 첫 지(支)는 정견인데, 정견의 내용은 '사성제에 관한 여실한 앎'이다. 그렇다면 멸성제를 얻기 위한 원인으로서의 도성제 속에 어떻게 수행의 결과로 얻게 될 멸성제에 대한 여실한 앎이 있을 수 있느냐는 것이다. 그래서 "이것은 명백히 모순이다"라고 주장하기도 하고, "사성제는 순환론이다"라고 주장하기도 하며, "부처님의 성도 초기에는 사성제가 확립되지 않았는데, 사성제가 확립되는 과정에서 팔정도가 사성제에 도입되면서 정견의 내용이 사성제에 대한 정견으로 되었다"고 주장하기도 한다.

이러한 주장들은 사성제를 바르게 이해하지 못한 것이다. 사성제는 이론체계가 아니라 3전(轉) 12행(行)으로 구성된 실천체계이다. 3전 12행이란 부처님께서 사성제를 가르치고 제자들이 이를 실천하는 단계이다.

첫째 단계는 시전(示轉)으로서 사성제라는 진리를 보여주는 것이다. 이를 통해서 제자들은 사성제라는 진리를 보게 되며, 이것을 견도(見道)라고 한다.

둘째 단계는 권전(勸轉)으로서 사성제라는 진리를 실천하도록 권유하는 것이다. 이를 통해서 제자들은 사성제를 실천하게 되며, 이것을 수도(修道)라고 한다.

셋째 단계는 증전(證轉)으로서 사성제의 증득(證得)을 가르친다. 이를 통해서 제자들은 스스로 사성제를 체득하여 살아가게 되며, 이것을 무학도(無學道)라고 한다.

사성제는 이와 같이 세 단계를 거쳐서 실천되기 때문에 이를 '3전 12행'이라고 한다.

이와 같이 사성제는 세 단계를 거쳐서 수행되며 도성제의 정견도 단계의 차별이 있다. 견도에서의 정견은 부처님의 가르침을 통해서 알게 된 사성제에 대한 앎이고, 수도에서의 정견은 실천되고 있는 사성제에 대한 앎이며, 무학도에서의 정견은 자신이 직접 체득한 사성제에 대한 앎이다. 따라서 사성제의 구조를 문제 삼는 것은 옳지 않다. 오히려 도성제, 즉 팔정도에 정견이 맨 앞에 있는 것은 불교수행의 특징을 보여주는 것이다. 불교수행은 맹목적인 수행이 아니라, 먼저 수행의 목표와 과정 그리고 그 결과를 바르게 알고 실천하는 수행이라는 것을 보여주는 것이다.

부처님 생애 후반에 팔정도가 도입됨으로써 사성제가 성립되었다는 주장은 초기불교의 여러 교리들이 대부분 후대에 체계화된 것이라고 보는 견해로서, 부처님의 깨달음을 과소평가한 것이라고 할 수 있다. 초기경전에서는 부처님께서 녹야원의 다섯 비구에게 처음 가르침을 펼 때 사성제를 가르쳤다고 하고 있다. 그리고 앞에서 살펴본 바와 같이 십이연기와 사성제는 그 내용이 동일하다.

사성제에 대하여 그것이 문제가 있다고 생각한 것은 실천체계인 사성제를 이론적으로 이해한 것이다. 나아가 이들의 주장은 열반을 수행을 통해 얻게 되는 어떤 새로운 세계로 이해하고 있기 때문이기도 하다. 중생이 수행을 통해 생사에서 벗어나 열반을 얻기 때문에 열반을 얻기 전에 열반에 대하여 여실하게 안다는 것은 논리적으로 모순이라고 생각하는 것이다. 그러나 열반은 무소득(無所得)의 경지다. 『반야심경』에서 "무명(無明)이 없고, 무명의 소멸(消滅)이 없으며, 내지 노사(老死)가 없고, 노사의 소멸까지 없다. 고집멸도(苦集滅道)가 없고, 알아야 할 것이 없고, 얻을 것이 없고, 얻지 못한 것이 없다"라고 한 것은 열반이 무소득의 경지임을 이야기한 것이다.

열반은 연기하고 있는 모든 법이 공성이라는 것을 깨달아 마음속에 형성된 모든 망념이 사라진 경지이다. 열반은 생사를 떠나서 따로 존재하는 것이 아니다. 생사가 무명에서 비롯된 꿈같은 착각이라는 것을 깨달아 그 착각에서 벗어나면, 생사가 그대로 열반이다. 의상 조사(義湘祖師)의 법성게(法性偈)에서 "생사와 열반은 항상 함께 있다〔生死涅槃常共和〕"고 한 것은 이것을 이야기한 것이다.

불교의 수행은 이와 같이 열반이 무소득이라는 것을 알고서 행하는 것이지, 모르고 수행을 하다가 뒤에 알게 되는 것이 아니다. 정견이 없으면 어떤 수행도 무의미하다. 정견이 없이 수행하는 것은 모래로 밥을 짓는 것과 같이 어리석은 일이다. 열반에 대하여 바르게 알고 열반을 구해야 열반을 성취할 수 있다. 따라서 열반을 구하는 팔정도의 출발점이 멸성제를 바르게 아는 정견이라는 것은 지극히 당연한 것이다.

그렇다면 불교수행의 목적인 멸성제는 구체적으로 어떤 것인가? 앞에서 인용했던 『쌍윳따 니까야』 12. 65. 「도시경(Nagara-sutta)」에서는 멸성제를 깨닫는 과정을 다음과 같이 이야기하고 있다.

> 비구들이여, 그러자 나에게 이런 생각이 들었다오.
>
> '무엇이 없으면 늙어 죽음〔老死〕이 없을까? 무엇이 사라지면〔滅, nirodha〕 늙어 죽음이 사라질까?'
>
> 비구들이여, 그러자 나에게 철저한 숙고의 결과 지혜에 의한 분명한 이해가 생겼다오.

'태어남[生]이 없으면 늙어 죽음이 없다. 태어남이 사라지면 늙어 죽음이 사라진다. … 유(有)가 사라지면 생(生)이 사라지고 … 취(取)가 사라지면 유가 사라지고 … 애(愛)가 사라지면 취가 사라지고 … 수(受)가 사라지면 애가 사라지고 … 촉(觸)이 사라지면 수가 사라지고 … 육입(六入)이 사라지면 촉이 사라지고 … 명색(名色)이 사라지면 육입이 사라진다.'

비구들이여, 그러자 나에게 이런 생각이 들었다오.

'무엇이 없으면 명색이 없을까? 무엇이 사라지면 명색이 사라질까?'

비구들이여, 그러자 나에게 철저한 숙고의 결과 지혜에 의한 분명한 이해가 생겼다오.

'식(識)이 없으면 명색이 없다. 식이 사라지면 명색이 사라진다.'

비구들이여, 그러자 나에게 이런 생각이 들었다오.

'무엇이 없으면 식이 없을까? 무엇이 사라지면 식이 사라질까?'

비구들이여, 그러자 나에게 철저한 숙고의 결과 지혜에 의한 분명한 이해가 생겼다오.

'명색이 없으면 식이 없다. 명색이 사라지면 식이 사라진다.'

비구들이여, 그러자 나에게 이런 생각이 들었다오.

'나는 깨달음으로 가는 길에 도달했다. 그것은 명색이 사라지면(滅, nirodha) 식이 사라진다는 것이다. 식이 사라지면 명색이 사라진다. 명색이 사라지면 육입이 사라진다. 육입이 사라지면 촉이 사라진다. … 이와 같이 완전한 괴로움 덩어리[苦蘊, dukkhakkhandha]의 멸[滅, nirodha]이 있다.'

비구들이여, "멸(滅)이다! 바로 멸(滅)이다!"라고 하는, 예전에 들어본 적이 없는 법(法, dhamma)들에 대한 안목(眼目, cakkhum)이 생기고, 지식(知識, ñāṇam)이 생기고, 지혜(智慧, paññā)가 생기고, 밝음〔明, vijjā〕이 생기고, 광명(光明, āloka)이 생겼다오.

부처님은 연기(緣起)를 순관(順觀)하여 집성제를 깨달은 후에 오취온이 모이는 과정인 집(集)이 소멸하면 생사의 괴로움도 소멸할 것이라고 생각하게 된다. 그리하여 그 과정을 관찰한다. 이전에는 노사(老死) 등은 무엇을 원인으로 있게 되었는가를 사유했는데, 이제는 무엇이 없으면 노사 등도 없을 것인가를 사유한 것이다.

노사를 없애는 과정의 관찰을 연기의 환멸문(還滅門)이라고 부르고, 노사가 있게 되는 과정의 관찰을 연기의 유전문(流轉門)이라고 한다. 부처님은 유전문의 역관을 통해서 괴로움의 실상을 깨달았고, 유전문의 순관을 통해서 괴로움 덩어리가 모이는 과정을 깨달았다. 이것이 사성제의 고성제와 집성제다.

부처님은 생사를 벗어나기 위해서 환멸문을 관찰한다. 환멸문의 관찰도 역관에서 시작된다. 노사는 무엇이 사라지면 없어지는 것일까? 이렇게 관찰한 결과 식(識)과 명색(名色)에 도달한다. 그런데 여기에서 눈길을 끄는 것은 "명색이 없으면 식이 없고 명색이 사라지면 식이 사라진다"는 사실을 알고 "나는 깨달음으로 가는 길에 도달했다. 그것은 명색이 사라지면 식이 사라진다는 것이다"라고 생각한 대목이다. 십이연기에서는 "행(行)이 사라지면 식(識)이 사라진다"고 하는데, 왜 이 경에서는 "명색이 사라지면 식이 사라진다"고 하면서 이러한 사실의 자각을 통해 "깨달음의 길에 도달했다"고 한 것일까?

앞에서 살펴보았듯이 식과 명색은 상호 의존하여 나타나고 있다. 이것을 연기(緣起)라고 한다는 것은 이미 이야기했다. 부처님은 식과 명색은 연기한 것이기 때문에 명색은 식이 사라지면 없어지고, 식은 명색이 없어지면 사라진다는 것을 알게 되었다. 즉, 모든 괴로움이 남김없이 사라질 수 있다는 것을 깨달은 것이다. 그래서 이를 "깨달음의 길에 도달했다"고 한 것이다. 그리고 이것을 알게 된 것이 팔정도(八正道)의 정견(正見)이다. 따라서 멸성제를 깨달은 다음에 정견에서 시작되는 팔정도를 실천할 수 있게 된 것이다.

그렇다면 열반에 이르는 길인 도성제(道聖諦)는 구체적으로 어떤 것인가? 이전에 인용했던 『쌍윳따 니까야』 12. 65. 「도시경(Nagara-sutta)」의 마지막 부분을 다시 인용하여 도성제를 살펴보자.

> 비구들이여, 그렇다면 옛날의 정각을 이루신 분들이 따라가신 옛길, 오래된 지름길은 어떤 것인가? 그것은 거룩한 팔정도(八正道)라오.
>
> 〈중략〉
>
> 나는 그 길을 따라갔다오. 그 길을 따라가서 늙어 죽음[老死]을 자증(自證)했고, 늙어 죽음의 집(集)을 자증했고, 늙어 죽음의 멸(滅)을 자증했고, 늙어 죽음의 멸에 이르는 길[道]을 자증했다오.
>
> 나는 그 길을 따라갔다오. 그 길을 따라가서 '태어남[生]-존재[有]-취(取)-애(愛)-수(受)-촉(觸)-육입(六入)-명색(名色)-식(識)'을 자증했고,

식의 집을 자증했고, 식의 멸을 자증했고, 식의 멸에 이르는 길[道]을 자증했다오.

나는 그 길을 따라갔다오. 그 길을 따라가서 행(行)을 자증했고, 행의 집(集)을 자증했고, 행의 멸을 자증했고, 행의 멸에 이르는 길을 자증했다오.

사성제 가운데 도성제가 팔정도라는 것은 누구나 잘 알고 있다. 그러나 팔정도를 수행하는 법에 대해서는 아는 사람이 많지 않다. 이 경은 구체적으로 팔정도를 수행하는 방법을 보여주고 있다.

열반의 경지

길은 목적지가 있다. 목적지에 따라서 길은 갈린다. 서울 가는 길과 부산 가는 길은 다르다. 따라서 우리가 팔정도를 실천하기 위해서는 먼저 목적지를 바르게 이해해야 한다. 부처님은 식(識)이 사라지면 모든 괴로움이 사라질 것이라는 사실을 깨닫고 "나는 깨달음으로 가는 길에 도달했다. 그것은 명색이 사라지면 식이 사라진다는 것이다"라고 말한다. 이 말속에 팔정도의 목적지가 나타난다. 부처님이 도달한 깨달음으로 가는 길은 팔정도이고, 팔정도의 목적지는 상호 의존 관계에 있는 명색과 식이 사라져서 모든 괴로움이 소멸한 곳이다. 불교에서 추구하는 열반은 이렇게 '상호 의존 관계에 있는 명색과 식이 사라져서 모든 괴로움이 소멸한 경지'이다.

길은 가기 위한 것이지, 알기 위한 것이 아니다. 아무리 잘 알아도 가지 않으면 목적지에 도달할 수 없다. 팔정도는 이러한 길이다. 그 길을 따라가야만 열반에 도달하게 된다. 부처님은 그 길을 따라가면서 본 것들을 우리에게 가르쳤다. 그것은 노사(老死)에서 무명(無明)에 이르는 십이연기의 모든 과정[苦]과 그 과정의 집(集)과 멸(滅)과 도(道)의 자증(自證)이다. 팔정도는 사성제를 자증하는, 즉 스스로 깨닫고 체험하는 길인 것이다.

그런데 이 경에는 무명이 빠져있다. 그 까닭은 멸성제의 깨달음에서 무명이 사라졌기 때문이다. 부처님께서 "나는 깨달음으로 가는 길에 도달했다"고 선언한 것은 스스로 "무명에서 벗어났다"는 것을 선언한 것이다. 그리고 무명에서 벗어나 바른 삶을 삶으로써 모든 괴로움이 소멸한 열반을 자증하게 되었다.

열반이란 무명이 사라져서 모든 망상이 사라진 경지이다. 『중아함경』의 「분별성제경(分別聖諦經)」에서는 다음과 같이 이야기한다.

> 어떤 것이 애(愛)가 멸한 고멸성제(苦滅聖諦)인가? 중생들은 내육처(內六處), 즉 안처(眼處), 이비설신의처(耳鼻舌身意處)를 애착하고 있다오. 그가 만약 이들에서 해탈하고, 이들에 물들지 않고, 집착하지 않고, 끊고, 모두 버려서, 이들에 대하여 욕탐이 없으면, 이들이 멸하고, 그치고, 사라진다오. 이것을 괴로움이 멸했다고 한다오. 〈중략〉
>
> 이와 같이 외육처(外六處), 촉(觸), 수(受), 상(想), 사(思), 애(愛)도 마찬가지라오. 중생들은 육계(六界), 즉 지계(地界), 수화풍공식계(水火風空識界)를 애착하고 있다오. 그가 만약 이들에서 해탈하고, 이들에 물들지 않고, 집착하지 않고, 끊고, 모두 버려서, 이들에 대하여 욕탐이 없으면, 이들이 멸하고, 그치고, 사라진다오. 이것을 괴로움이 멸했다고 한다오.

云何愛滅苦滅聖諦 謂衆生實有愛內六處 眼處 耳鼻舌身意處 彼若解脫

> 不染不著 斷捨吐盡 無欲 滅 止沒者 是名苦滅 〈중략〉 如是外處 更樂 覺想 思 愛亦復如是 諸賢 衆生實有愛六界 地界 水火風空識界 彼若解脫不染不著 斷捨吐盡無欲滅止沒者是名苦滅

이 경에서는 열반을 십이입처(十二入處), 육계(六界) 등이 멸하고 사라진 경지라고 이야기하고 있다. 열반은 수행을 통해서 무언가를 얻은 결과가 아니라 멸하고 버린 결과이다. 바꾸어 말하면 불교수행은 수행을 통해서 없던 것을 얻는 것이 아니라, 진리에 무지하기 때문에 생긴 망상을 없애는 것이다. 따라서 망상이 없어진 경지에는 더 이상 자아로 취하고 있는 오취온도 없고, 이들이 일어나는 바탕인 십이입처와 십팔계도 없으며, 중생들이 존재로 분별하는 육계도 있을 수 없다. 그리고 이러한 열반을 성취한 사람은 알아야 할 진리도 없고, 얻어야 할 것도 없고, 얻지 못한 것도 없다. 이것을 무학(無學), 즉 더 이상 배우고 얻을 것이 없는 사람이라고 부른다. 『반야심경』에서 "무명이 없고, 무명의 소멸이 없으며, 내지 노사가 없고, 노사의 소멸까지 없다. 고집멸도가 없고, 알아야 할 것이 없고, 얻음이 없고, 얻지 못함이 없다"고 한 것은 이와 같은 열반을 성취한 무학의 경지를 이야기한 것이다.

❖

강을 건넌 후에는 배를 버린다

우리 삶의 본모습에는 주관과 객관의 분별 대립이 없기 때문에 본래의 삶에는 괴로움(苦)도 없고, 괴로움의 집(集)도 없고, 괴로움의 멸(滅)도 없고, 괴로움의 멸에 이르는 도(道)도 없다. 부처님께서 가르치신 고집멸도(苦集滅道) 사성제는 무명에 휩싸여 괴롭게 살아가는 중생들을 깨우치기 위해 가르친 진리일 뿐, 본래의 삶 속에 존재하는 것은 아니다. 그런데 이러한 사실에 대한 무지, 즉 무명에서 오온이라는 망상을 만들어 그것이 자아와 세계라고 생각하면서 괴로운 삶을 사는 것이 중생이다. 부처님께서 통찰한 것은 이러한 사실이며, 이것이 십이연기의 유전문이다. 그리고 이러한 사실을 깨달으면 모든 망상이 사라져 괴로움에서 벗어날 수 있다는 것이 십이연기의 환멸문이다.

그러므로 주관과 객관의 분별 대립 없이 공성을 깨닫고 사는 삶 속에는 알아야 할 진리도 없고, 얻어야 할 열반도 없다. 사성제의 가르침은 강을 건너면 버려야 할 배와 같아서 괴로움이 있는 현실에서는 의지해야 할 진리이지만, 괴로움을 멸진한 다음에는 버려야 할 방편이다. 『맛지마 니까야』 22. 「독사의 비유경(Alagaddūpama-sutta)」에서 부처님은 깨달음의 가르침을 다음과 같이 말씀하신다.

"비구들이여, 내가 그대들에게 뗏목의 비유, 즉 뗏목은 강을 건너기 위한 것이지, 붙잡기 위한 것이 아니라는 설법을 하겠소. 잘 듣고 깊이 생각하도록 하시오. 내가 이야기하겠소."

그 비구들은 "그렇게 하겠습니다. 세존이시여!"라고 세존께 응답했습니다.

세존께서는 다음과 같이 말씀하셨습니다.

"비구들이여, 비유하면, 길을 가던 어떤 나그네가 이쪽 언덕은 무섭고 위험하고, 저쪽 언덕은 안전하고 위험이 없다는 사실을 알았다오. 하지만 저쪽 언덕으로 가기 위해서는 범람하는 큰 강을 건너야만 하는데 강을 건널 배가 없었다오. 그는 이렇게 생각했다오.

'이 언덕[此岸]은 무섭고 위험하지만, 저 언덕[彼岸]은 안전하고 위험이 없다. 그런데 저 언덕으로 건너갈 배가 없구나. 나는 풀, 나무토막, 나뭇가지, 나뭇잎을 모아 뗏목을 엮은 다음, 그 뗏목에 의지하여 손과 발을 힘껏 저어서 안전하게 저 언덕으로 올라가야겠다.'

비구들이여, 그래서 그 사람은 풀, 나무토막, 나뭇가지, 나뭇잎을 모아 뗏목을 엮은 다음, 그 뗏목에 의지하여, 손과 발을 힘껏 저어서, 안전하게 저 언덕으로 올라갔다오. 그런데 강을 건너 저 언덕에 올라간 사람은 다시 생각했다오.

'이 뗏목은 나에게 많은 도움이 되었다. 나는 이 뗏목에 의지하여 안전한 언덕으로 올라왔다. 그러니 나는 이 뗏목을 머리에 이거나, 어깨에 지고 갈 길을 가야겠다.'

비구들이여, 어떻게 생각하는가? 그 사람이 그 뗏목에 대하여 이렇게 하는 것이 마땅한 일인가?"

"아닙니다. 세존이시여!"

"비구들이여, 그렇다면 그 사람이 그 뗏목에 대하여 어떻게 하는 것이 마땅한 일인가? 비구들이여, 이제 강을 건너 저 언덕에 올라간 사람이 이런 생각을 했다고 합시다.

'이 뗏목은 나에게 많은 도움이 되었다. 나는 이 뗏목에 의지하여 안전한 언덕으로 올라왔다. 나는 이 뗏목을 땅 위에 올려놓거나, 물에 띄워놓고 갈 길을 가야겠다.'

비구들이여, 그 사람이 뗏목에 대하여 이렇게 하는 것이 마땅한 일이 아니겠는가? 비구들이여, 나는 이와 같이 뗏목의 비유, 즉 뗏목은 강을 건너기 위한 것이지, 붙잡기 위한 것이 아니라는 설법을 했다오. 비구들이여, 그대들은 뗏목의 비유를 이해하여, 마땅히 가르침〔法〕도 버려야 하거늘, 하물며 가르침이 아닌 것〔非法〕[121]은 말해 무엇하겠는가?

비구들이여, 여섯 가지 견처(見處)[122]가 있다오. 여섯 가지는 어떤 것들인가? 비구들이여, 성인(聖人)을 무시하고, 성인의 가르침을 이해하지 못하고, 성인의 가르침에서 배우지 못하고, 참사람〔正士〕을 무시하고, 참사람의 가르침을 이해하지 못하고, 참사람의 가르침에

121 'adhammā'의 번역.

122 'diṭṭhiṭṭhāna'의 번역.

서 배우지 못한, 무지한 범부는 형색[色][123]에 대하여, '이 몸은 나의 소유다. 이 몸이 나다. 이 몸은 나의 자아(自我)[124]다'라고 여기고, 느끼는 마음[受][125]에 대하여, '이 느끼는 마음은 나의 소유다. 이 느끼는 마음이 나다. 이 느끼는 마음은 나의 자아다'라고 여기고, 생각하는 마음[想][126]에 대하여, '이 생각하는 마음은 나의 소유다. 이 생각하는 마음이 나다. 이 생각하는 마음은 나의 자아다'라고 여기고, 조작하는 행위들[行][127]에 대하여, '이 조작하는 행위들은 나의 소유다. 이 조작하는 행위들이 나다. 이 조작하는 행위들은 나의 자아다'라고 여기고, 분별하는 마음[識][128]에 대하여, '이 분별하는 마음은 나의 소유다. 이 분별하는 마음이 나다. 이 분별하는 마음은 나의 자아다'라고 여긴다오. 심지어는 마음에 의해서[129] 보이고, 들리고, 지각되고, 인식되고, 파악되고, 소망되고, 성찰된 것에 대하여, '이것은 나의 소유다. 이것이 나다. 이것은 나의 자아다'라고 여긴다오.

---

123 'rūpa'의 번역.

124 'attan'의 번역.

125 'vedanā'의 번역.

126 'sañña'의 번역.

127 'saṅkhāre'의 번역. '行'으로 한역(漢譯)되는 'saṅkhāra'의 복수 대격(對格)이다. 다른 견처(見處)는 단수형인데, 이것만 복수형을 취하고 있다. 'saṅkhāra'가 복수형을 취한 것은 'saṅkhāra'에는 신행(身行)·구행(口行)·의행(意行) 세 가지가 있기 때문이다. 업(業)에도 신업(身業)·구업(口業)·의업(意業) 세 가지가 있는데, 행(行)에도 같은 내용의 3가지가 있다는 것은 우리의 삶, 즉 업이 무명에서 벗어나지 못할 때 유위(有爲)를 조작하는 삶이 된다는 것을 의미한다.

128 'viññāṇa'의 번역.

129 'manasā'의 번역.

뿐만 아니라, 이 견처(見處)에 의지하여, '이것이 자아다. 이것이 세계다. 나는 사후(死後)에 지속하고 일정하고 영원하고 변하지 않을 것이다. 나는 그대로 언제까지나 머물게 될 것이다'라고 생각하고, 그것에 대하여, '이것은 나의 소유다. 이것이 나다. 이것은 나의 자아다'라고 여긴다오.

비구들이여, 그렇지만 성인을 알아보고, 성인의 가르침을 이해하고, 성인의 가르침에서 잘 배우고, 참사람[正士]을 알아보고, 참사람의 가르침을 이해하고, 참사람의 가르침에서 잘 배운 학식 있는 성인의 제자는 형색[色]과 느끼는 마음[受]과 생각하는 마음[想]과 조작하는 행위[行]들과 분별하는 마음[識]에 대하여 '이것은 나의 소유가 아니다, 이것은 내가 아니다, 이것은 나의 자아가 아니다'라고 여기고, 마음에 의해서 보이고, 들리고, 지각되고, 인식되고, 파악되고, 소망되고, 성찰된 것에 대해서도, '이것은 나의 소유가 아니다. 이것은 내가 아니다. 이것은 나의 자아가 아니다'라고 여긴다오.[130]

뿐만 아니라, 이 견처(見處)에 근거하여, '이것이 자아다. 이것이 세계다. 나는 사후(死後)에 지속하고 일정하고 영원하고 변하지 않을 것이다. 나는 그대로 언제까지나 머물게 될 것이다'라고 생각하지 않고, 그것에 대하여 '이것은 나의 소유가 아니다. 이것은 내가 아니다. 이것은 나의 자아가 아니다'라고 여긴다오. 그는 이와 같이 여기기 때문에 걱정하지 않는다오."

---

130 각각의 견처(見處)에 대한 중복되는 내용을 생략하여 번역함.

이와 같이 말씀하시자, 어떤 비구가 세존께 말했습니다.

"세존이시여, 밖에 (나의 소유가) 없기 때문에 걱정이 있는 경우가 있습니까?"

"그렇다오. 비구여, 어떤 사람은 '전에는 내 것이었는데 그것이 지금은 내 것이 아니다. 내 것이면 좋겠는데 나는 지금 그것을 얻지 못했다'라고 생각한다오. 그리하여 그는 슬퍼하고, 아쉬워하고, 가슴을 치며 통탄하고, 혼란에 빠진다오. 비구여, 이와 같이 밖에 (자신의 소유가) 없기 때문에 걱정이 있는 경우가 있다오."

"세존이시여, 밖에 (자신의 소유가) 없어도 걱정이 없는 경우가 있습니까?"

"그렇다오. 비구여, 어떤 사람은 '전에는 내 것이었는데 그것이 지금은 내 것이 아니다. 내 것이면 좋겠는데 나는 지금 그것을 얻지 못했다'라고 생각하지 않는다오. 그래서 그는 슬퍼하지 않고, 아쉬워하지 않고, 가슴을 치며 통탄하지 않고, 혼란에 빠지지 않는다오. 비구여, 이와 같이 밖에 (자신의 소유가) 없어도 걱정이 없는 경우가 있다오."

"세존이시여, 안에 (자아가) 없기 때문에 걱정이 있는 경우가 있습니까?"

"그렇다오. 비구여, 어떤 사람에게는 '이것이 자아다. 이것이 세계다. 나는 사후(死後)에 지속하고 일정하고 영원하고 변하지 않을 것이다. 나는 그대로 언제까지나 머물게 될 것이다'라는 견해가 있다오. 그래서 그는 여래나 여래의 제자가 일체의 견처(見處)에 대한 근거와 편견과 경향(傾向)과 무의식[睡眠]을 제거하기 위하여,[131] 일체의 조작하는 행위들을 그치기 위하여,[132] 일체의 집착을 버리기 위하여,[133] 갈망하는 마음[愛]을 지멸하기 위하여,[134] 이욕(離欲)을 위하여, 소멸을 위하여, 열반을 위하여 가르친 가르침을 듣고, '나는 정말로 단멸(斷滅)하게 되는구나, 나는 정말로 사라지게 되는구나, 나는 정말로 존재하지 않게 되는구나'라고 생각한다오. 그는 슬퍼하고, 아쉬워하고, 가슴을 치며 통탄하고, 혼란에 빠진다오. 비구여, 이와 같이 안에 (자아가) 없기 때문에 걱정이 있는 경우가 있다오."

"세존이시여, 안에 (자아가) 없어도 걱정이 없는 경우가 있습니까?"

"그렇다오. 비구여, 어떤 사람에게는 '이것이 자아다. 이것이 세계다. 나는 사후(死後)에 지속하고 일정하고 영원하고 변하지 않을 것이다. 나는 그대로 언제까지나 머물게 될 것이다'라는 견해가 없다오. 그래서 그는 여래나 여래의 제자가 일체의 견처(見處)에 대한 근거와 편견과 경향(傾向)과 무의식[睡眠]을 제거하기 위하여, 일체의 조작하는 행위들을 그치기 위하여, 일체의 집착을 버리기 위하여, 갈망하는 마음[愛]을 지멸하기 위하여, 이욕(離欲)을 위하여, 소멸을 위하여, 열반을 위하여 가르친 가르침을 듣고, '나는 정말로 단멸(斷滅)하게 되는구나, 나는 정말로 사라지게 되는구나, 나는 정말로 존

131 'diṭṭhiṭṭāna-adhiṭṭhāna-pariyuṭṭhāna-abhinivesa-anusayānaṃ samugghātāya'의 번역.

132 'sabba-saṅkhāra-samathāya'의 번역.

133 'sabba-upadhipaṭinissaggāya'의 번역.

134 'taṇhakkhāya'의 번역.

재하지 않게 되는구나'라고 생각하지 않는다오. 그는 슬퍼하지 않고, 아쉬워하지 않고, 가슴을 치며 통탄하지 않고, 혼란에 빠지지 않는다오. 비구여, 이와 같이 안에 (자아가) 없어도 걱정이 없는 경우가 있다오.

비구들이여, 지속하고 일정하고 영원하고 변하지 않는 법으로서, 그대로 언제까지나 머물 수 있는 소유물[135]이 있다면, 그대들은 그 소유물을 소유해도 좋을 것이오. 비구들이여, 그대들은 지속하고 일정하고 영원하고 변하지 않는 법으로서, 그대로 언제까지나 머물 수 있는 소유물을 보았는가?"

"보지 못했습니다, 세존이시여!"

"그렇다오, 비구들이여, 나 역시 지속하고 일정하고 영원하고 변역하지 않는 법으로서, 그대로 언제까지나 머물 수 있는 소유물을 보지 못했다오.

비구들이여, 그것을 (자아로) 취했을 때 근심, 걱정, 슬픔과 같은 고뇌[憂悲苦惱]가 생기지 않는 아어취(我語取)[136]가 있다면, 그대들은 그 아어취를 취해도 좋을 것이오. 비구들이여, 그대들은 그것을 (자아로) 취했을 때 근심, 걱정, 슬픔과 같은 고뇌가 생기지 않는 아어취를 보았는가?"

---

135 'pariggaha'의 번역.

136 'attavādupadāna'의 번역. 어떤 것을 자아라는 언어에 상응하는 것으로 취한 것. 오취온(五取蘊)이 곧 아어취(我語取)이다.

"보지 못했습니다. 세존이시여!"

"그렇다오, 비구들이여, 나 역시 그것을 (자아로) 취했을 때 근심, 걱정, 슬픔과 같은 고뇌가 생기지 않는 아어취를 보지 못했다오.

비구들이여, 그것에 의지했을 때 근심, 걱정, 슬픔과 같은 고뇌가 생기지 않는 의지처가 되는 견해[見依][137]가 있다면, 그대들은 그 의지처가 되는 견해를 의지해도 좋을 것이요. 비구들이여, 그대들은 그것에 의지했을 때 근심, 걱정, 슬픔과 같은 고뇌가 생기지 않는 의지처가 되는 견해를 보았는가?"

"보지 못했습니다. 세존이시여!"

"그렇다오, 비구들이여, 나 역시 그것을 의지했을 때 근심, 걱정, 슬픔과 같은 고뇌가 생기지 않는 의지처가 되는 견해를 보지 못했다오.

비구들이여, 자아[我]가 있을 때, '나의 자아에 속하는 것[我所][138]이 있다'라고 말할 수 있지 않겠는가?"

"그렇습니다. 세존이시여!"

"비구들이여, 자아에 속하는 것이 있을 때, '나의 자아[我]가 있다'라고 말할 수 있지 않겠는가?"

"그렇습니다. 세존이시여!"

"비구들이여, 자아와 자아에 속하는 것이 진실로, 실제로 발견되지 않았다면, '이것이 자아다. 이것이 세계다. 나는 사후(死後)에 지

137 'diṭhinissaya'의 번역.

138 'attaniya'의 번역.

속하고 일정하고 영원하고 변하지 않을 것이다. 나는 그대로 언제까지나 머물게 될 것이다'라는 견처(見處)는 전적으로 완전한 어리석음[139]이 아니겠는가?"

"세존이시여, 어찌하여 그것이 전적으로 완전한 어리석음입니까?"

"비구들이여, 어떻게 생각하는가? 형색[色]은 지속[140]하는가[常], 지속하지 않는가?[無常]"[141]

"지속하지 않습니다, 세존이시여!"

"그러면 지속하지 않는 것은 괴로움인가, 즐거움인가?"

"괴로움입니다, 세존이시여!"

"그러면 지속하지 않고, 괴롭고, 변하는 법(法)[142]에 대하여, '이것은 나의 소유다. 이것이 나다. 이것이 나의 자아다'라고 여기는 것이 과연 현명한가?"

"그렇지 않습니다, 세존이시여!"

"비구들이여, 어떻게 생각하는가? 느끼는 마음[受], 생각하는 마음[想], 조작하는 행위[行]들, 분별하는 마음[識]은 지속하는가, 지속하지 않는가?"

"지속하지 않습니다, 세존이시여!"

"그러면 지속하지 않는 것은 괴로움인가, 즐거움인가?"

---

139 'bāladhamma'의 번역.

140 'nicca'의 번역.

141 'anicca'의 번역.

142 'vipariṇāmadhamma'의 번역.

"괴로움입니다. 세존이시여!"

"그러면 지속하지 않고, 괴롭고, 변하는 법(法)에 대하여, '이것은 나의 소유다. 이것이 나다. 이것이 나의 자아다'라고 여기는 것이 과연 현명한가?"

"그렇지 않습니다. 세존이시여!"

"비구들이여, 그러므로 과거의 것이든, 미래의 것이든, 현재의 것이든, 내부의 것이든, 외부의 것이든, 크든, 작든, 저열하든, 훌륭하든, 멀리 있든, 가까이 있든, 일체의 형색에 대하여, '이것은 나의 소유가 아니다. 이것은 내가 아니다. 이것은 나의 자아가 아니다'라고 그것을 바른 통찰지(通察智)로 있는 그대로 통찰해야 한다오. 느끼는 마음[受], 생각하는 마음[想], 조작하는 행위[行]들, 분별하는 마음[識]도 마찬가지라오.

비구들이여, 이와 같이 통찰한 학식 있는 성인(聖人)의 제자는 형색[色]을 염리(厭離)하고, 느끼는 마음[受], 생각하는 마음[想], 조작하는 행위[行]들, 분별하는 마음[識]을 염리한다오. 그는 염리하는 가운데 탐욕에서 벗어나고, 탐욕에서 벗어남으로써 해탈하게 되고, 해탈했을 때 '해탈했다'고 안다오. 그는 '태어남은 끝났고, 청정한 수행[梵行]을 마쳤으며, 해야 할 일을 끝마쳤다. 다시는 이런 상태로 되지 않는다'라고 안다오. 비구들이여, 이런 비구를 장애를 제거한 사람, 해자(垓字)를 채운 사람, 욕망의 화살을 뽑은 사람, 빗장을 연 사람, 깃발을 거두고, 짐을 내려놓고, 속박에서 벗어난 성인(聖人)이라고 부른다오.

비구들이여, 어떤 비구가 장애를 제거한 사람인가? 비구들이여, 뿌리를 자르고, 야자수의 밑동치를 베어내어 미래에는 생기지 않도록 절멸(絶滅)하듯이, 무명(無明)을 없앤 비구가 있다오. 이런 비구가 장애를 제거한 사람이라오.

비구들이여, 어떤 비구가 해자(垓字)를 채운 사람인가? 비구들이여, 뿌리를 자르고, 야자수의 밑동치를 베어내어 미래에는 생기지 않도록 절멸하듯이, 거듭되는 생(生)의 소용돌이[生死流轉][143]를 없앤 비구가 있다오. 이런 비구가 해자(垓字)를 채운 사람이라오.

비구들이여, 어떤 비구가 욕망의 화살을 뽑은 사람인가? 비구들이여, 뿌리를 자르고, 야자수의 밑동치를 베어내어 미래에는 생기지 않도록 절멸하듯이, 갈망하는 마음[愛]을 없앤 비구가 있다오. 이런 비구가 욕망의 화살을 뽑은 사람이라오.

비구들이여, 어떤 비구가 빗장을 연 사람인가? 비구들이여, 뿌리를 자르고, 야자수의 밑동치를 베어내어 미래에는 생기지 않도록 절멸하듯이, 오하분결(五下分結)을 없앤 비구가 있다오. 이런 비구가 빗장을 연 사람이라오.

비구들이여, 어떤 비구가 깃발을 거두고, 짐을 내려놓고, 속박에서 벗어난 성인(聖人)인가? 비구들이여, 뿌리를 자르고, 야자수의 밑동치를 베어내어 미래에는 생기지 않도록 절멸하듯이, '내가 있다'는

---

143 'ponobhavika jātisaṃsāra'의 번역.

생각[我慢][144]을 없앤 비구가 있다오. 이런 비구가 깃발을 거두고, 짐을 내려놓고, 속박에서 벗어난 성인이라오.

비구들이여, 인드라천에 속하고,[145] 브라만천에 속하고,[146] 빠라자빠띠천에 속하는[147] 모든 신들이 이와 같은 비구의 해탈한 마음을 찾을 때, '이것이 여래가 의지하는 분별하는 마음[識]이다'[148]라는 이해에 도달할 수가 없다오. 그 까닭은 무엇인가? 비구들이여, '지금 여기에서 여래를 발견할 수 없기 때문이다'라고 나는 말한다오.

비구들이여, 나의 이와 같은 말에 대하여 어떤 사문과 바라문들은 이렇게 이야기하는 것은 옳지 않고, 공허하며, 허망하고, 진실이 아니라고 하면서 '사문 고따마(Gotama)는 진실한 중생의 단멸과 소멸과 허무를 가르치는 허무주의자다'라고 비난한다오. 비구들이여, 나는 그 사문과 바라문들이 나를 비난하는 것과 같은 그런 허무주의자가 아니며, 나는 그런 말을 하지도 않는다오. 비구들이여, 이전에도, 지금도 나는 괴로움과 괴로움의 소멸에 대하여 가르친다오.

비구들이여, 다른 사람들이 여래를 비난하고, 비방하고, 괴롭힌다 할지라도, 비구들이여, 거기에서 여래는 미워하지 않고, 낙담하지 않고, 마음에 불만을 품지 않는다오. 비구들이여, 다른 사람들이 여래

144 'asmimāna'의 번역.
145 'sa-Indhā'의 번역.
146 'sa-Brahmakā'의 번역.
147 'sa-Pajāpatikā'의 번역.
148 'idaṃ nissitaṃ tathāgatassa viññāṇaṃ'의 번역.

를 찬탄하고, 존중하고, 공경하고, 공양한다 할지라도, 비구들이여, 거기에서 여래는 즐거워하지 않고, 기뻐하지 않고, 의기양양하지 않는다오. 비구들이여, 다른 사람들이 여래를 찬탄하고, 존중하고, 공경하고, 공양하면, 비구들이여, 그때 여래는 '나는 이전에 이것을 완전히 이해했고, 그곳에서 나는 이에 상응하는 행위를 했을 뿐이다'라고 생각한다오.

비구들이여, 그러므로 다른 사람들이 그대들을 비난하고, 비방하고, 괴롭힌다 할지라도, 비구들이여, 거기에서 그대들은 미워하지 않고, 낙담하지 않고, 마음에 불만을 품지 않아야 한다오. 비구들이여, 다른 사람들이 그대들을 찬탄하고, 존중하고, 공경하고, 공양한다 할지라도, 비구들이여, 거기에서 그대들은 즐거워하지 않고, 기뻐하지 않고, 의기양양하지 않아야 한다오. 비구들이여, 다른 사람들이 그대들을 찬탄하고, 존중하고, 공경하고, 공양하면, 비구들이여, 그때 그대들은 '우리는 이전에 이것을 완전히 이해했고, 그곳에서 우리는 이에 상응하는 행위[149]를 했을 뿐이다'라고 생각해야 한다오.

비구들이여, 그러므로 그대들은 그대들의 소유가 아닌 것을 버리도록 하시오. 그것을 버리면, 그대들에게 오래도록 이익과 행복이 될 것이오. 비구들이여, 무엇이 그대들의 소유가 아닌가? 비구들이여, 형색[色]은 그대들의 소유가 아니오. 그것을 버리도록 하시오. 그것을 버리면 그대들에게 오래도록 이익과 행복이 될 것이오. 비구들

149 'evarūpa kāra'의 번역.

이여, 느끼는 마음[受], 생각하는 마음[想], 조작하는 행위[行]들, 분별하는 마음[識]은 그대들의 소유가 아니오. 그것을 버리도록 하시오. 버리면 그대들에게 오래도록 이익과 행복이 될 것이오.

비구들이여, 어떻게 생각하는가? 사람들이 이 제따와나 숲에 있는 풀과 나무토막, 나뭇가지, 나뭇잎을 집어가거나, 태우거나, 제멋대로 한다면, 그대들은 '사람들이 나의 소유를 집어가거나, 태우거나, 제멋대로 한다'라고 생각하겠는가?"

"아닙니다. 세존이시여! 왜냐하면, 그것은 자아[我]도 아니고, 자아에 속하는 것[我所]도 아니기 때문입니다."

"비구들이여, 바로 이와 같이, 그대들은 그대들의 소유가 아닌 것을 버리도록 하시오. 그것을 버리면 그대들에게 오래도록 이익과 행복이 될 것이오.

비구들이여, 이와 같이 나는 감춘 것 없이, 잘 드러내고, 장막을 제거한, 명료한 가르침을 잘 이야기했소. 비구들이여, 이와 같이 내가 잘 이야기한 명료한 가르침 가운데서 비구로서 수행을 완성하고, 해야 할 일을 마치고, 짐을 내려놓고, 자신의 목적을 성취하고, 존재의 결박[有結][150]이 소멸하고, 완전한 지혜에 의해 해탈한, 번뇌[漏]가 멸진한 아라한들에게는 윤회(輪廻)[151]가 언명(言明)되지 않는다오.

비구들이여, 이와 같이 나는 감춘 것 없이 잘 드러내고, 장막을 제

---

150 'bhavasaṃyojana'의 번역.

151 'vaṭṭa'의 번역.

거한, 명료한 가르침을 잘 이야기했소. 비구들이여, 이와 같이 내가 잘 이야기한 명료한 가르침 가운데서 오하분결(五下分結)을 없앤 비구들은 모두 화생(化生)하면,[152] 그곳에서 돌아오지 않는 아나함(阿那含, 不還)[153]으로서 그 세상에서 반열반(般涅槃)한다오.

비구들이여, 이와 같이 나는 감춘 것 없이 잘 드러내고, 장막을 제거한, 명료한 가르침을 잘 이야기했소. 비구들이여, 이와 같이 내가 잘 이야기한 명료한 가르침 가운데서 삼결(三結)을 없애고 탐진치(貪瞋癡)가 줄어든 비구들은 모두 사다함(斯多含)[154]으로서 이 세상에 한 번 와서 괴로움을 끝낸다오.

비구들이여, 이와 같이 나는 감춘 것 없이 잘 드러내고, 장막을 제거한, 명료한 가르침을 잘 이야기했소. 비구들이여, 이와 같이 내가 잘 이야기한 명료한 가르침 가운데서 삼결(三結)을 없앤 비구들은 모두 수다원(須陀洹)[155]으로서 물러서지 않고[156] 반드시 정각을 이룬다오.

비구들이여, 이와 같이 나는 감춘 것 없이 잘 드러내고, 장막을 제거한, 명료한 가르침을 잘 이야기했소. 비구들이여, 이와 같이 내가 잘 이야기한 명료한 가르침 가운데서 가르침을 이해하고 실천하는 비구와 믿음으로 실천하는 비구들은 모두 반드시 정각을 이룬다오.

---

152 'opapātika'의 번역.

153 'anāvattidhamma'의 번역.

154 'sakadāgāmin'의 번역.

155 'sotāpanna'의 번역.

156 'avinipātadhamma'의 번역.

비구들이여, 이와 같이 나는 감춘 것 없이 잘 드러내고, 장막을 제거한, 명료한 가르침을 잘 이야기했소. 비구들이여, 이와 같이 내가 잘 이야기한 명료한 가르침 가운데서 나를 믿고, 나를 사랑하는 사람들은 모두 반드시 천상(天上)에 이르게 된다오."

이 경에서 이야기하고 있는 여섯 가지 견처(見處)는 어리석은 범부들이 가지고 있는 자아의식(自我意識)의 여섯 가지 유형이다. 어리석은 범부들은 오온(五蘊), 즉 몸〔色〕, 느끼는 마음〔受〕, 생각하는 마음〔想〕, 조작하는 행위〔行〕들, 분별하는 마음〔識〕과 지각되고 인식된 것에 대하여 그것을 나의 소유물이라고 생각하거나, '나'라고 생각하거나, '자아'라고 생각한다. 이 경에서 이야기하는 여섯 가지 견처는 이와 같이 어리석은 범부들의 자아의식이 머무는 여섯 가지 근거가 되는 오온과 지각되고 인식된 것을 가리킨다.

첫째, 여섯 가지 견처에 대하여 이들을 나의 소유물로 생각한다는 것은 어떤 의미인가? 우리는 '나의 몸', '나의 감정', '나의 의식', '나의 부드러운 피부', '나의 고운 목소리'라고 말한다. 이것은 견처를 자신의 소유물처럼 생각한 것이다.

둘째, 견처를 '나'라고 생각한다는 것은 어떤 의미인가? 우리가 '나는 예쁘다'라고 말하는 것은 어떤 일정한 형태의 몸을 '나'라고 생각하기 때문이고, '나는 즐겁다'라고 말하는 까닭은 느끼는 감정을 '나'라고 생각하기 때문이다. 생각하는 마음, 조작하는 행위들, 분별하는 마음에 대해서도 마찬가지다. 우리가 '나는 생각한다. 나는 무엇을 한다. 내가 인식했다'라고 말하는 생각하는 마음, 조작하는 행위들, 분별하는 마음을 나라고 생각한 결과이다.

셋째, 견처를 '자아(自我)'라고 생각한다는 것은 어떤 의미인가. 여기에서 이야기하는 '자아'는 앞에서 이야기한 '나'와는 다르다. '나'는 일인칭(一人稱) 지시대명사 'aham'을 번역한 것이고, '자아'는 '개인의 자기동일성을 지닌 영속적인 자아'를 의미하는 '아트만(ātman)'을 의미한다. 다시 말해서 때에 따라 다른 현상적인 자신을 지시할 때는 '나[aham]'라는 말이 사용되고, 현상적으로 지시되는 '나'의 내면에 변하지 않고 존속하는 나를 의미할 때는 '자아[ātman]'라는 말을 사용한다. 예를 들면 한 장의 사진 속의 인물을 가리키면서 '이것이 나다'라고 말한다면 이때의 '나'는 일인칭 지시대명사로서의 '나'이다. 그러나 어릴 때부터 어른이 된 지금까지의 각기 다른 모습의 사진을 가리키면서 '내가 이렇게 다른 모습으로 성장했다'라고 말한다면 이때의 '나'는 모습은 달라졌어도 그 달라진 과정에 '자기동일성을 가지고 존속하는 자아'이다. 여기에서 오온을 '자아'라고 생각한다고 한 말은 오온을 '자기동일성을 가지고 존속하는 나'로 생각한다는 의미이다.

중생들의 모든 괴로움은 이들 여섯 가지 견처에 대하여 그것을 자신의 소유물로 생각하거나, 자신이라고 생각하거나, 자신의 자아라고 생각하기 때문에 발생한다. 여섯 가지 견처에서 형성된 자아의식이 우리의 삶을 지배하면서 온갖 괴로움을 일으키고 있기 때문에, 부처님께서는 괴로움의 뿌리가 되는 허망한 자아의식을 버리도록 무아(無我)를 말씀하셨다.

그런데 이 무아의 가르침을 잘못 이해하면 허무주의(虛無主義)가 된다. 죽어서 다음 세상으로 가는 자아가 없다면, 우리는 아무렇게나 살다 죽으면 되는 것이 아닌가? 이 경의 주인공으로 등장하는 아릿타(Ariṭṭha)라는 비구가 이렇게 불교를 이해한 사람이다. 그래서 그는 부처님의 가르침을 '세존께서 말씀하신 장애법(障碍法)을 추구해도 문제될 것이 없다'라고 이해한다.

부처님께서 말씀하신 장애법이란 감각적 욕망이다. 부처님께서 감각적 욕망을 버리라고 한 것은 우리의 자아의식이 감각적 욕망을 중심으로 형성되기 때문이다. 그런데 무아의 가르침을 잘못 이해한 아릿타는 감각적 욕망을 추구해도 문제될 것이 없다고 생각한 것이다. 이것은 독사를 잘못 잡으면 독사에 물리듯이, 무아를 잘못 이해하여 허무주의에 빠진 것이다.

부처님은 괴로움과 괴로움의 소멸에 대하여 말씀하셨다. 모든 괴로움은 허망한 자아의식을 집착하기 때문에 나타난다. 따라서 무아의 가르침에 따라 자신의 삶에서 '자아의식'을 버리고 살면, 우리는 누구나 행복한 삶을 살 수 있다. 이렇게 자신이 무아의 가르침을 통해 행복한 삶을 사는 사람에게는 '자아가 있는가, 없는가?'는 무의미한 말장난이다. 이와 같이 자신의 삶에서 자아라는 망상이 사라진 뒤에는 무아를 설한 가르침은 아무런 의미가 없다.

병이 들면 그 병이 어떤 병인지를 바르게 알고, 병이 생긴 원인을 안 후 병을 치료할 약을 먹어야 한다. 그렇지만 병이 나은 후에는 약을 먹을 필요가 없다. 사성제도 이와 같다. 괴로움이 있을 때, 그 괴로움에 대하여 바르게 알고[苦聖諦], 괴로움이 생긴 원인과 과정을 알고[集聖諦], 괴로움을 없애려는 목적을 가지고[滅聖諦], 괴로움을 없애는 방법[道聖諦]을 실천하는 것이 사성제이다. 이와 같이 사성제는 괴로움이 소멸한 후에도 고집해야 할 진리가 아니다. 이것이 뗏목의 비유이다. 부처님께서 무아를 말씀하신 것은 모든 괴로움이 허망한 자아의식에서 비롯된 것이기 때문에 괴로움을 소멸하도록 하기 위한 것이다. 따라서 무아의 가르침도 강을 건넌 후에는 버려야 할 뗏목과 같은 것이다.

무아가 종국에는 버려야 할 방편(方便)이라고 해서 부처님이 무아가 아닌 어떤 진아(眞我)를 인정하고 있는 것은 아니다. 부처님께서는 이것을 우려하여 "그대들은 뗏목의 비유를 이해하여 마땅히 가르침[法]도 버려야 하거늘, 하물며 가르침이 아닌 것[非法]들은 말해 무엇 하겠는가?"라고 말씀하신다. 여기에서 이야기하는 가르침이 아닌 것은 유아론(有我論)이다. 무아를 버린다고 유아(有我)를 취해서는 안 된다는 것이다.

9

열반은 수행의 종점이 아니다

無所得

그러므로 얻을 것이 없기 때문에 보살은
반야바라밀다에 의지하여 마음에 걸림이 없이
살아가며, 마음에 걸림이 없기 때문에 두려움 없이
전도몽상을 뛰어넘어 마침내 열반을 성취하며,
삼세의 모든 부처님들은 반야바라밀다에 의지하여
무상정등정각(無上正等正覺)을 성취한다오.
그러므로 알아야 한다오. 반야바라밀다는
위대한 진언(眞言)이며, 위대하고 밝은 진언이며,
무상의 진언이며, 비할 바 없는 진언이며,
일체의 괴로움을 없애주며, 진실이며, 거짓이 아니라오.
반야바라밀다의 진언을 설하면 다음과 같다오.
가테 가테 파라가테 파라상가테 보디 스와하

tasmād aprāptitvād bodhisattvānāṃ prajñāpāramitām
āśritya viharaty a-cittā varaṇaḥ. cittāvaraṇa-nāstitvād
atrasto viparyāsātikrānto niṣṭha-nirvāṇaḥ. try-adhva-
vyavasthitāḥ sarva-buddhāḥ prajñā-pāramitām
āśrityānuttarāṃ saṃyak-sambodhim abhisambuddhāḥ.
tasmāj jñātavyaṃ prajñā-pāramitā-mahāmantro mahā
-vidyā-mantro 'nuttara-mantro 'samasama-mantraḥ,
sarva-duḥkha-praśamanaḥ. satyam amithyatvāt prajñā-
pāramitāyām ukto mantraḥ, tad yathā:
gate gate pāragate pāra-saṃgate bodhi svāhā.

以無所得故 菩提薩埵 依般若波羅蜜多 故心無罣碍 無罣碍故 無
有恐怖 遠離顚倒夢想 究竟涅槃 三世諸佛 依般若波羅蜜多 故得
阿耨多羅三藐三菩提 故知般若波羅蜜多 是大神呪 是大明呪 是
無上呪 是無等等呪 能除一切苦 眞實不虛 故說般若波羅蜜多呪
卽說呪曰
揭諦揭諦 波羅揭諦 波羅僧揭諦 菩提 娑婆訶

생사와 열반은 둘이 아니다

1

우리는 보고, 듣고, 냄새 맡고, 맛보고, 만지고, 생각하는 '자아(自我)'가 보이고, 들리고, 냄새나고, 맛나고, 만져지고, 생각되는 '세계' 속에 태어나서 살다가 죽는다고 생각한다. 그리고 자아와 세계는 공간 속에 있는 지(地)·수(水)·화(火)·풍(風)과 같은 물질적 실체들과 의식과 같은 정신적 실체들로 이루어진 것이라고 생각하고 있다. 이와 같은 우리의 생각이 오온, 십이입처, 십팔계 같은 세간(世間)이다. 그리고 이러한 세간은 무명에서 연기한 괴로움 덩어리이기 때문에 이것들의 공성(空性)을 깨닫도록 하는 것이 불교이다.

이 공성을 깨닫게 되면 곧 열반의 세계가 열리게 된다. 열반은 중생이 자기라고 애착하는 내육처(內六處)와 외부의 세계로 생각하는 외육처(外六處), 그리고 여기에서 연기한 오온(五蘊)이 멸하고 사라진 세계이다.

도대체 이런 세계가 어떻게 가능하며, 그 세계는 구체적으로 어떤 세계일까? 모든 존재와 생명이 사라진 허무와 죽음의 세계일까? 그렇지 않으면 생사가 없는 열반의 세계가 생사윤회(生死輪廻)하는 중생의 세계 저편에서 해탈한 사람을 기다리고 있는 것일까? 이러한 의문은 불교를 수행하는 사람들의 오랜 의문이었으며, 지금도 많은 사람들이 품고 있는 궁금증일 것이다. 부처님 당시에도 열반의 세계가 어떤 것인지는 큰 의문 가운데 하나였던 것 같다. 『잡아함경(249)』에서는 아난 존자와 같은 분도 이러한 의문에 빠져있었음을 다음과 같이 보여주고 있다.

> 아난 존자가 사리불 존자에게 물었다.
> "육촉입처(六觸入處)를 멸진하고 욕탐을 떠나면, 멸하고 사라져버린 후에 다시 남는 것이 있습니까?"

이러한 아난의 질문에 사리불은 "남는 것이 있는가, 없는가?"를 묻는 것은 모두 무의미한 말〔虛言〕이라고 대답한다. 그리고 다음과 같이 이야기한다.

> 만약 '육촉입처를 멸진하고 욕탐을 떠나면 육촉입처에서 생긴 모든 것이 멸하여 사라진 후에 모든 허위(虛僞)를 떠나 반열반(般涅槃)을 얻게 된다'고 말한다면, 이것이 부처님의 말씀입니다.
>
> 若言六觸入處盡 離欲 滅息沒而離諸虛僞 得般涅槃 此則佛說

열반의 세계가 중생의 세계와 따로 있는 것이 아니라, 중생의 세계는 허위의 세계이고, 열반의 세계는 허위를 떠난 세계라는 것이 이 경의 의미다. 열반은 우리 삶의 진실을 의미하는 것이지, 수행을 통해서 얻게 되는 다른 세계가 아니라는 것이다. 부처님께서 가르쳐 준 열반에 이르는 길은 팔정도(八正道)인데, 팔정도는 계(戒) · 정(定) · 혜(慧) 삼학(三學)에 포함된다. 『맛지마 니까야』 44. 「교리문답 작은 경(Cūḷavedalla-sutta)」에서는 팔정도와 삼학의 관계를 다음과 같이 이야기한다.

> 위싸카 존자여, 성자의 팔정도에 세 가지 온(蘊)이 포함되는 것이 아닙니다. 위싸카 존자여, 세 가지 온에 성자의 팔정도가 포함됩니다. 위싸카 존자여, 정어(正語)와 정업(正業)과 정명(正命)은 계온(戒蘊)[157]에 포함되고, 정정진(正精進)과 정념(正念)과 정정(正定)은 정온(定蘊)[158]에 포함되며, 정견(正見)과 정사유(正思惟)는 혜온(慧蘊)[159]에 포함됩니다.

이와 같이 팔정도는 계(戒) · 정(定) · 혜(慧) 삼학(三學)을 의미한다. 불교의 수행을 간단히 정리하면, 계율을 잘 지켜서[戒], 마음을 안정시키고 통일시켜[定], 지혜로 사성제의 도리를 깨달아[慧], 허위를 떠나 열반을 성취하는 것[解脫]이다.

157 'sīlakhandha'의 번역.
158 'samādhikhandha'의 번역.
159 'paññākhandha'의 번역.

이러한 팔정도의 수행에는 세 단계가 있다. 첫째는 견도(見道)로서 팔정도가 열반에 이르는 길이라는 것을 아는 단계다. 이것을 '길을 발견했다'는 의미에서 견도라고 한다. 다음은 직접 길을 따라서 가는 단계다. 이것을 '팔정도를 수행한다'는 의미에서 '수도(修道)'라고 한다. 마지막은 열반을 성취한 단계다. 이것을 '더 이상 배울 것이 없다'는 의미에서 '무학도(無學道)'라고 한다.

그런데 견도와 수도를 팔정도라고 하는 것은 납득이 가지만, 목적지에 도달한 무학도를 팔정도라고 하는 것은 좀 이상하게 생각될 것이다. 길은 목적지에 가는 과정인데, 무학도를 팔정도라고 하는 것은 목적지와 과정을 구별하지 못한 것으로 생각되기 때문이다.

우리는 여기에서 『잡아함경』「제일의공경(第一義空經)」에 나오는 가르침인 "업보(業報)는 있으나 행위자[作者]는 없다"는 말씀을 상기할 필요가 있다. 이것이 무아와 공의 실상이다. 팔정도의 수행에도 업보는 있으나 행위자는 없다. 이와 같은 무아와 공의 세계에는 팔정도의 수행은 있지만, 팔정도도 없고, 팔정도를 수행하는 사람도 없고, 팔정도를 수행하여 얻게 되는 열반도 없다.

『반야심경』에서는 이것을 이야기하고 있다. 『반야심경』에서 말하는 무소득(無所得)이란 열반이 수행의 종점이 아니라는 의미다. 즉, 열반이란 팔정도를 수행하여 얻게 되는, 팔정도와는 다른 어떤 것이 아니라, 팔정도가 빈틈없이 완벽하게 실천되는 것을 의미한다. 바꾸어 말하면, 견도는 어떻게 살 것인가를 추구한 결과 팔정도가 바른 삶의 길이라는 것을 깨닫는 것을 의미하고, 수도는 그 삶을 열심히 사는 것을 의미하며, 무학도는 더 이상 애쓸 필요 없이 저절로 그렇게 살게 된 것을 의미한다.

이것이 '업보는 있으나 행위자는 없다'는 가르침의 진정한 의미다. 팔정도를 실천하면서 살아가면 삶이 그대로 팔정도가 되는 것이니, 여기에 팔정도를 실천하는 삶〔業〕과 그 결과 팔정도가 저절로 실현되는 삶〔報〕은 있지만, 팔정도를 실천하여 열반을 얻는 자, 즉 팔정도의 행위자〔作者〕와 팔정도를 실천하여 그 행위자가 얻게 될 열반은 없는 것이다. 이것이 진정한 열반이다. 열반을 성취한 후에 무엇이 남는가를 묻는 아난 존자에게 사리불 존자가 그런 물음은 무의미한 말이라고 하면서, 허위를 떠난 것이 열반이라고 한 것도 같은 의미다. 존재하지 않는 행위자를 존재한다고 생각하며 살아가는 허위의 삶에서, 허위를 버리고 업보가 뚜렷한 실상의 세계로 돌아가는 것을 열반이라고 할 뿐, 열반을 성취하여 따로 얻을 것은 없다. 팔정도는 견도와 수도의 단계에서는 도성제가 되지만, 무학도의 단계에서는 그대로 멸성제가 된다. 이것을 『중아함경』의 「성도경(聖道經)」에서는 다음과 같이 이야기한다.

> 어떤 것이 정정(正定)인가? 비구가 악(惡)한 불선법을 멀리하고, 제사선(第四禪)에 도달하는 것을 정정이라고 한다.
>
> 어떤 것이 정해탈(正解脫)인가? 비구가 탐욕〔欲〕과 분노〔恚〕와 어리석음〔癡〕에서 마음이 해탈하는 것을 정해탈이라고 한다.
>
> 어떤 것이 정지(正智)인가? 비구가 탐욕과 분노와 어리석음에서

마음이 해탈했다는 것을 아는 것을 정지라고 한다.

이것이 배우는 사람[學者]이 성취하는 팔지(八支)[160]이고, 번뇌가 다 한 아라한이 성취하는 십지(十支)[161]이다. 어떤 것을 배우는 사람이 성취하는 팔지라고 하는가? 배우는 단계의 정견(正見)에서 정정(正定)까지를 배우는 사람이 성취하는 팔지라고 한다. 어떤 것이 번뇌가 다 한 아라한이 성취하는 십지라고 하는가? 무학(無學)의 정견에서 정지까지를 번뇌가 다 한 아라한이 성취하는 십지라고 한다.

云何正定 比丘者 離欲 離惡不善之法 至得第四禪成就遊 是謂正定 云何正解脫 比丘者 欲心解脫 恚癡心解脫 是謂正解脫 云何正智 比丘者 知欲心解脫 知恚癡心解脫 是謂正智也 是爲 學者成就八支 漏盡阿羅訶成就十支 云何學者成就八支 學正見 至學正定 是爲學者成就八支 云何漏盡阿羅訶成就十支 無學正見至無學正智 是謂漏盡 阿羅訶成就十支

아라한의 경지에 이르지 못한 사람이 팔정도를 수행하는 것은 배움의 단계에서 행하는 팔정도이고, 번뇌가 다 한 아라한이 탐진치(貪瞋痴)에서 벗어나 스스로 해탈했음을 자각하면서 팔정도를 실천하는 것은 무학의 팔정도이다. 팔정도는 무학도의 아라한이 되면 끝나는

160 팔정도를 의미한다.

161 팔정도에 정해탈(正解脫)과 정지(正智)를 더한 것을 말한다.

것이 아니다. 아라한은 모든 무지와 탐욕에서 벗어나[正解脫] 스스로 해탈했음을 알면서[正智] 팔정도를 실천하게 된다. 이와 같이 팔정도는 배움의 단계에서는 열반을 얻기 위한 수단이지만, 무학도의 아라한에게는 해탈하여 살아가는 일상의 삶이다.

이러한 무학도의 십지(十支)는 오분법신(五分法身)의 구조를 갖는다. 오분법신은 계신(戒身)·정신(定身)·혜신(慧身)·해탈신(解脫身)·해탈지견신(解脫知見身)이다. 이전에 살펴보았듯이, 팔정도는 계·정·혜 삼학의 구조를 갖는다. 이러한 삼학은 수도(修道)의 단계에 있을 때를 말한다. 무학도(無學道)의 단계가 되면, 정해탈(正解脫)과 정지(正智)가 생긴다. 이렇게 정해탈과 정지가 생긴 무학도의 삶을 사는 것을 오분법신이라고 부른다. 계·정·혜 삼학은 계신(戒身)·정신(定身)·혜신(慧身)이 되고, 정해탈은 해탈신(解脫身)이 되며, 정지는 해탈지견신(解脫知見身)이 되는 것이다. 바꾸어 말하면, 계(戒)·정(定)·혜(慧)·해탈(解脫)·해탈지견(解脫知見)의 삶을 오분법신이라고 부르는 것이다. 이러한 오분법신이 우리의 참모습, 즉 무아이며 열반이다.

❖

열반은 수행의 종점이 아니다

열반을 성취한 사람은 죽어서 어떻게 될까? 윤회하던 사람이 열반을 성취하면 다시 태어나지 않고 윤회를 멈추게 되는 것일까? 우리 주변에서 불교는 윤회설이라고 주장하면서 열반은 다시 태어나지 않는 것이라고 생각하는 사람들이 많다. 열반에 대한 오해는 부처님 당시에도 있었다. 부처님 당시에 염마가(焰摩迦)라는 비구는 열반에 대하여 잘못된 생각을 가지고 있었다. 『잡아함경(104)』에서는 이러한 염마가와 사리불의 대화를 다음과 같이 전하고 있다.

> 그때 염마가(焰摩迦)라는 비구가 못된 사견(邪見)을 일으켜, "내가 부처님의 설법을 이해한 바에 의하면, 번뇌가 다 한 아라한은 몸이 무너져 수명을 마치면 다시는 아무것도 존재하지 않게 된다"라고 주장했습니다.
>
> 〈중략〉
>
> 사리불이 말했습니다.
>
> "내가 그대에게 묻겠으니 그대의 생각대로 대답하시오. 염마가여, 몸〔色〕은 지속하는가〔常〕, 지속하지 않는가〔非常〕?"

"존자 사리불이여, 지속하지 않습니다[無常]."

"지속하지 않는 이것[色]은 괴로움이 아닌가?"

"이것[色]은 괴로움입니다."

"지속하지 않고 괴로움으로 변해버리는 이 법[色]에 대하여 많이 배운 거룩한 제자가 그 몸을 '자아'라고 보거나, 그 몸과는 다른 '자아'가 있다고 보거나, 그 몸속에 자아가 있다고 보거나, 자아 속에 그 몸이 있다고 보겠는가?"

"그렇지 않습니다. 존자 사리불이여!"

수(受)·상(想)·행(行)·식(識)에 대해서도 마찬가지 대화를 나누고 다시 물었습니다.

"염마가여, 형색을 지닌 몸[色]이 여래(如來)인가?"

"그렇지 않습니다. 존자 사리불이여!"

"염마가여, 수·상·행·식이 여래인가?"

"그렇지 않습니다. 존자 사리불이여!"

"염마가여, 여래 가운데 형색을 지닌 몸이 있고, 수·상·행·식이 있는가?"

"그렇지 않습니다. 존자 사리불이여!"

"염마가여, 몸과 다른 여래가 있는가? 수·상·행·식과 다른 여래가 있는가?"

"그렇지 않습니다. 존자 사리불이여!"

"몸 가운데 여래가 있거나, 수·상·행·식 가운데 여래가 있는가?"

"그렇지 않습니다. 존자 사리불이여!"

"여래 가운데 몸이 있거나, 수·상·행·식이 있는가?"

"그렇지 않습니다. 존자 사리불이여!"

"몸이 아니고 수·상·행·식이 아닌 여래가 있는가?"

"그렇지 않습니다. 존자 사리불이여!"

"이와 같이 염마가여, 여래는 법(法)을 여실(如實)하게 보고, 무소득(無所得)에 여법(如法)하게 머물라고 하신 것일 뿐, 따로 시설(施設)하신 바가 없다오."

爾時 有比丘名焰摩迦 起惡邪見 作如是言 如我解佛所說法 漏盡阿羅漢身壞命終更無所有 … 舍利弗言 我今問汝 隨意答我 云何焰摩迦 色爲常耶 爲非常耶 答言 尊者舍利弗 無常 復問 若無常者 是苦不 答言 是苦復問 若無常苦 是變易法 多聞聖弟子 寧於中見我異我相在不 答言 不也 尊者舍利弗 受想行識 亦復如是 復問 云何焰摩迦 色是如來耶 答言不也 尊者舍利弗 受想行識是如來耶 答言 不也 尊者舍利弗 復問 云何焰摩迦 異色有如來耶 異受想行識有如來耶 答言 不也 尊者舍利弗 復問 色中有如來耶 受想行識中有如來耶 答言 不也 尊者舍利弗 復問 如來中有色耶 如來中有受想行識耶 答言 不也 尊者舍利弗 復問 非色受想 行識有如來耶 答言 不也 尊者舍利弗 如是 焰摩迦 如來見法眞實 如住無所得 無所施設

사리불은 이 경에서 여래(如來)는 오온과 다른 존재도 아니고, 그렇다고 오온을 자아로 취하여 살아가지도 않으며, 단지 법을 여실하게 보고서 무소득(無所得)에 여법(如法)하게 머물러 살아가는 삶이라고 이야기하고 있다. 이와 같이 열반은 오온을 떠나 다른 존재가 되는 것이 아니라, 오온의 실상을 바로 보고 살아가는 삶이다. 열반은 새로운 존재로의 변신이 아니라 허망한 자아를 집착하고 살아가는 고통스러운 삶에서 자신의 참된 모습을 깨닫고 살아가는 행복한 삶으로의 전환이며, 수행의 끝이 아니라 행복한 삶의 실현이다.

"얻을 것이 없기 때문에 보살은 반야바라밀다에 의지하여 마음에 걸림이 없이 살아간다"는 말씀은 이것을 의미한다. 반야(般若)로 통찰한 오온의 실상은 연기(緣起)하는 공성(空性)이다. 그러나 공성은 허무가 아니다. 우리의 몸[色]은 지속적으로 존재하는 것은 아니지만, 이 몸을 떠나서는 우리의 삶은 존재할 수 없다. 그리고 이 몸은 우리의 삶, 즉 업(業)의 결과로 존재한다. 우리가 마음이라고 부르는 느끼는 마음[受], 생각하는 마음[想], 의도하는 마음[行], 분별하는 마음[識]도 마찬가지다. 우리의 몸과 마음은 행위자로 존재하는 것이 아니라 업보로 존재한다. 행위자로서의 오온은 없지만[色卽是空], 업보로서의 오온은 있다[空卽是色]. 이것이 우리의 몸[色]과 마음[受想行識]의 여실한 모습, 즉 실상(實相)이다. 불교는 이러한 실상을 깨닫고 사는 법을 가르칠 뿐, 오온이라는 세간을 벗어나 다른 세계를 얻는 길을 가르치는 것이 아니다.

이것이 '색즉시공(色卽是空), 공즉시색(空卽是色)'의 의미이다. 색즉시공은 오온의 실상에 무지한 상태에서 오온의 실상이 공성임을 깨닫는 것을 의미한다. 다시 말해서 행위자로서의 나는 없음을 깨닫는 것이 색즉시공이다. 그리고 공즉시색은 공성을 깨닫고 반야바라밀다에 의지하는 삶을 통해 이루어지는 우리의 모습을 의미한다. 다시 말해서 나는 업보로서 존재한다는 것을 깨닫고 업을 통해서 성취한 나의 모습이 공즉시색이다.

색즉시공이 오온의 공성을 의미한다면, 공즉시색은 반야바라밀다에 의지하여 공성을 깨닫고 성취하는 오분법신(五分法身)을 의미한다. 이것이 무소득의 삶이다. 반야바라밀다는 오온의 공성을 깨달아 행위자로서의 자아가 없음을 깨닫고〔色卽是空〕, 업보로서 존재하는 자신의 여법한 삶을 통해 오분법신을 성취하는 것〔空卽是色〕이다. 따라서 이것이 무소득에 여법하게 머무는 삶이며, 모든 보살과 부처님의 삶이다.

보살은 반야바라밀다에 의지하여 무소득에 여법하게 머물러 살아감으로써 걸림이 없는 마음으로 전도몽상(顚倒夢想)에서 벗어나 해탈을 성취하는 사람이고, 부처님은 이러한 삶이 누구에게나 평등하게 주어져 있다는 사실, 즉 무상정등정각(無上正等正覺)을 성취하도록 가르치신 분이시다.

이것을 『반야심경』에서는 다음과 같이 이야기한다.

> 얻을 것이 없기 때문에 보살은 반야바라밀다에 의지하여 마음에 걸림이 없이 살아가며, 마음에 걸림이 없기 때문에 두려움 없이 전도몽상(顚倒夢想)을 뛰어넘어 마침내 열반을 성취하며, 삼세의 모든 부처님들은 반야바라밀다에 의지하여 무상정등정각(無上正等正覺)을

성취한다.

以無所得故 菩提薩埵依般若波羅蜜多故 心無罣礙 無罣礙故 無有恐怖 遠離顚倒夢想 究竟涅槃 三世諸佛依般若波羅蜜多故 得阿耨多羅三藐三菩提

불교적 삶은 이와 같이 우리 모두가 본래 생사가 없는 삶 속에 있다는 것을 깨닫고 살아가는 것이다. 이것을 대승불교에서는 '본래성불(本來成佛)'이라고 말한다. 모든 중생은 본래 성불해 있다는 것이다. 이 말은 잘못 이해하면 수행할 필요가 없다는 말로 이해될 수 있다. 그러나 '본래성불'의 의미는 그런 것이 아니다. '본래성불'이라는 말은 수행의 바른 길을 제시한 말이다.

다음과 같은 일화가 있다.

마조 도일(馬祖 道一) 선사는 날마다 가부좌를 틀고 앉아 부처가 되겠다는 일념으로 열심히 좌선했다. 그러던 어느 날 남악 회양(南嶽懷讓) 선사가 도일 선사를 찾아가서 물었다.

"스님은 무엇 때문에 좌선을 하나요?"

"부처가 되려고 합니다."

그러자 회양(懷讓)은 벽돌 하나를 가지고 와서 암자 앞에 놓인 바위에 갈았다. 도일(道一)이 회양에게 물었다.

"스님, 무엇하시나요?"

"갈아서 거울을 만들려고 합니다."

"벽돌을 간다고 어찌 거울을 만들 수 있겠습니까?"

회양이 기다렸다는 듯이 되물었다.

"좌선을 한다고 어찌 성불할 수 있겠소?"

"그렇다면 어떻게 해야 하겠습니까?"

"사람이 달구지를 탔는데 가지 않으면 달구지를 때려야 할까요, 소를 때려야 할까요?" [162]

많은 수행자들이 부처가 되기 위해서 수행을 한다. 중생이 좌선을 하여 깨달으면 중생에서 부처로 변할 것이라고 생각하는 것이다. 이런 기대를 가지고 수행하는 사람은 벽돌을 갈아서 거울을 만들려고 하는 것과 다름이 없다. 벽돌을 갈아서 거울을 만들 수 없듯이, 중생과 부처가 따로 있다면 중생이 수행을 한다고 해서 부처가 될 수 없는 것이다.

부처님이 깨달은 십이연기(十二緣起)의 마지막 부분은 태어남과 늙어 죽음, 즉 생로병사(生老病死)하는 우리의 현실이다. 십이연기는 이러한 우리의 현실이 무명에서 비롯된 것임을 보여준다. 무명이 있으면 생사가 있게 된다는 것이다. 그러나 이것이 전부는 아니다. 십이연기에는 유전문(流轉門)과 환멸문(還滅門)이 있다. 무명이 있으면 행이 있고, 이렇게 차례로 연기하여 마지막에 생과 노사가 있다는 것은

162 『景德傳燈錄』 卷 5. (대정장 51, p. 240c.)

유전문이다. 그리고 무명을 없애면 행이 없어지고, 이렇게 차례로 없어져서 마지막에 생과 노사가 없어진다는 것이 환멸문이다.

유전문은 무명의 상태에서 허망하고 거짓된 자아를 집착함으로써, 생사의 괴로움을 느끼며 살고 있는 중생의 모습을 보여주는 법문이다. 환멸문은 생사의 괴로움이 무명과 탐욕에서 비롯된 것임을 깨달아 무명과 탐욕을 버리고 중도(中道) 수행, 즉 팔정도를 닦는 수행자의 모습을 보여주는 법문이다. 따라서 십이연기의 진리를 깨닫고 무명에서 비롯된 허망한 생사의 괴로움에서 벗어나는 바른 길, 즉 팔정도를 실천하는 것이 불교수행이다.

한마디로 말해서 불교는 깨달음을 추구하며, 불교수행은 본래 생사가 없는 우리의 참모습을 깨닫고 살아가는 것이다. 그리고 이것을 가능하게 하는 것이 지혜로운 통찰, 즉 반야바라밀다(般若婆羅蜜多)이다. 이와 같이 불교의 목적은 깊은 선정(禪定) 속에서 초월적인 신비체험을 하는 것이 아니라, 현실을 지혜롭게 통찰하여 세간의 실상을 깨달아 여법하게 살아가는 데 있다. 『반야심경』이 우리에게 전하는 가르침은 바로 이런 것이다.

❖

반야바라밀다 진언(眞言)

『반야심경』은 다음과 같은 진언(眞言)으로 끝을 맺는다.

gate gate pāragate pārasaṃgate bodhi svāhā.

아제 아제 바라아제 바라승아제 모지 사바하.

진언은 해석하지 않는 것이 통례지만, 굳이 해석한다면 다음과 같은 내용이라고 할 수 있다.

간 사람에게〔gate〕, 간 사람에게〔gate〕, 건너편으로 간 사람에게〔pāragate〕, 건너편으로 바르게 간 사람에게〔pārasaṃgate〕 깨달음이 있을 지니〔bodhi〕 지복(至福)이로다〔svāhā〕!

이것을 반야바라밀다의 의미를 살려서 표현하면 다음과 같다.

가면, 가면, 저 언덕으로 가면, 저 언덕에 무사히 가면,
깨달음이 있을지니 더없는 행복이로다!

이 진언은 우리가 도달해야 할 저 언덕, 즉 피안(彼岸)은 세간(世間)의 실상(實相)이 공(空)이라는 사실을 깨닫는 것이며, 실상을 깨닫고 살아가는 삶이 가장 큰 행복이라는 것을 이야기하고 있다.

이중표

전남대학교 철학과를 졸업한 뒤 동국대학교 대학원에서 불교학 석·박사 학위를 취득했다. 이후 전남대학교 철학과 교수로 재직했으며, 정년 후 동 대학교 철학과 명예교수로 위촉됐다. 호남불교문화연구소 소장, 범한철학회 회장, 불교학연구회 회장을 역임했으며, 현재 불교 신행 단체인 '붓다나라'를 설립하여 포교와 교육에 힘쓰고 있다.
저서로는 『정선 디가 니까야』, 『정선 맛지마 니까야』, 『정선 쌍윳따 니까야』, 『니까야로 읽는 금강경』, 『담마빠다』, 『붓다의 철학』, 『불교란 무엇인가』, 『붓다가 깨달은 연기법』, 『근본불교』 외 여러 책이 있으며, 역서로 『붓다의 연기법과 인공지능』, 『불교와 양자역학』 등이 있다.

니까야로 읽는 반야심경

© 이중표, 2017

2017년 8월 28일 초판 1쇄 발행
2024년 12월 18일 초판 6쇄 발행

지은이 이중표
발행인 박상근(至弘) • 편집인 류지호 • 편집이사 양동민
편집 김재호, 양민호, 김소영, 최호승, 하다해, 정유리
디자인 쿠담디자인 • 제작 김명환 • 마케팅 김대현, 이선호, 류지수 • 관리 윤정안
콘텐츠국 유권준, 김대우, 김희준
펴낸 곳 불광출판사 (03169) 서울시 종로구 사직로10길 17 인왕빌딩 301호
대표전화 02) 420-3200 편집부 02) 420-3300 팩시밀리 02) 420-3400
출판등록 제300-2009-130호(1979. 10. 10.)

ISBN 978-89-7479-365-4 (04220)
ISBN 978-89-7479-364-7 (04220) (세트)

값 23,000원

잘못된 책은 구입하신 서점에서 바꾸어 드립니다.
독자의 의견을 기다립니다. www.bulkwang.co.kr
불광출판사는 (주)불광미디어의 단행본 브랜드입니다.